"十三五"国家重点出版物出版规划项目

新时代学生发展核心素养文库（高中卷）

在反思中成长

李学书　钱炜临　编著

华东师范大学出版社

·上海·

图书在版编目(CIP)数据

在反思中成长/李学书,钱炜临编著. —上海:华东师范大学出版社,2018
（新时代学生发展核心素养文库.高中卷）
ISBN 978-7-5675-8253-8

Ⅰ.①在… Ⅱ.①李…②钱… Ⅲ.①学习方法-青少年读物 Ⅳ.①G791-49

中国版本图书馆 CIP 数据核字（2018）第 232958 号

新时代学生发展核心素养文库（高中卷）

在反思中成长

总 主 编　夏德元
编　　著　李学书　钱炜临
策划编辑　王　焰
责任编辑　舒　刊
特约编辑　郑雯文
责任校对　王婷婷
装帧设计　高　山

出版发行　华东师范大学出版社
社　　址　上海市中山北路 3663 号　邮编 200062
网　　址　www.ecnupress.com.cn
电　　话　021-60821666　行政传真 021-62572105
客服电话　021-62865537　门市（邮购）电话 021-62869887
地　　址　上海市中山北路 3663 号华东师范大学校内先锋路口
网　　店　http://hdsdcbs.tmall.com

印 刷 者　昆山市亭林印刷有限责任公司
开　　本　700×1000　16 开
印　　张　11.25
字　　数　136 千字
版　　次　2020 年 12 月第 1 版
印　　次　2020 年 12 月第 1 次
书　　号　ISBN 978-7-5675-8253-8
定　　价　34.00 元

出 版 人　王　焰

（如发现本版图书有印订质量问题,请寄回本社客服中心调换或电话 021-62865537 联系）

总序

核心素养（Key Competencies）概念最早见于世界经济合作与发展组织（OECD）在 1997 年 12 月启动的"素养的界定与遴选：理论和概念基础"项目。经过多年深入研究后，OECD 于 2003 年出版了报告《核心素养促进成功的生活和健全的社会》，正式采用"核心素养"一词，并构建了一个涉及人与工具、人与自己和人与社会三个方面的核心素养框架。具体包括使用工具互动、在异质群体中工作和自主行动共三类九种核心素养指标条目。

中国学生发展核心素养于 2013 年 5 月由教育部党组委托北京师范大学牵头开展研究。2014 年 4 月，在教育部印发的《关于全面深化课程改革落实立德树人根本任务的意见》中，确定了"核心素养"的重要地位。其后，在教育部的指导下，成立了由上百位专家组成的课题组。在深入研究和征集社会各界意见的基础上，2016 年 9 月，专家组正式发布了中国学生发展核心素养的框架和内涵。

按照这个框架，核心素养主要指"学生应具备的，能够适应终身发展和社会发展需要的必备品格和关键能力"。中国学生发展核心素养，以科学性、时代性和民族性为基本原则，既考虑了中国社会各界的期待和要求，同时也借鉴了世界各国关于核心素养的研究成果，以培养全面发展的人为核心，分为文化基础、自主发展、社会参与三个方面。综合表现为人文底蕴、科学精神、学会学习、健康生活、责任担当、实践创新六大素养，具体细化为国家认同等十八个基本要点。

2019 年 2 月，国务院印发的《中国教育现代化 2035》中指出："完善教育质量标准体系，制定覆盖全学段、体现世界先进水平、符合不同层次类型教育特点的教育质量标准，明确学生发展核心素养要求。"这说明学生发展核心素养的培养，已经进入国家决策层的视野，成为中国未来人才培养质量整体提高的必然要求。

近年来,围绕中国学生发展核心素养的内涵、外延、培养目标、培养途径等宏观问题,以教育界为代表的各界有识之士展开了广泛而深入的研究,发表了一系列颇有新意的理论成果,并在实践层面做出了可贵的探索。但是,不容忽视的现实是,系统阐释核心素养各个基本要点的基本思想、具体内容、培养途径的著作罕有问世;而能结合培养对象的年龄特点、心理特征、知识背景、社会阅历和培养目标等诸要素,可供家长、教师和学生共同阅读、参照实施的深入浅出的普及读物更是付之阙如。为此,我们特策划组织对学生发展核心素养各个基本要点素有研究、思考和实践经验的高等院校、教育科研机构和中小学优秀教师,共同编写了这套丛书。

本丛书围绕核心素养课题组提出的三个方面六大核心素养诸基本要点,分小学、初中和高中三个阶段,每个阶段针对学生年龄特点,分别按照不同要点设计选题,首批推出三十余种图书。

关于丛书体例,策划者并未做划一的规定;但为体现这套书的总体定位,我们把丛书的撰写要求提炼为四个关键词:

一、发展。以有利于学生人格健全和全面发展为宗旨,不局限于知识的传输,而是着眼于学生的终身发展,把知识积累和能力成长、社会参与、人生幸福结合起来。

二、跨界。跨越学科界限,面向学生、家长、教育工作者等多类读者,尽量就一个方面的问题从多角度展开叙述,使内容更加丰满。

三、启蒙。针对中国教育中存在的现实问题和困惑进行启蒙式的讨论,启发学生、家长、教育工作者反思,解决学生、家长、教育工作者在现实中遇到的困惑,引导学生、家长共同成长、进步。

四、对话。体现对话精神,作者与读者通过文字媒介进行平等对话交流。写作时心里装着读者,让读者阅读时能够感到是和作者在对话,让读者感受到作者的体温和呼吸。为体现这种精神,可以设置问答环节,可以采用对话体,也可以用生活中的真实事例进行阐发。

丛书策划方案定型后，得到上海市委宣传部和国家新闻出版署的高度重视和大力支持；选题列入"十三五"国家重点出版物出版规划项目后，数十位作者殚精竭虑，深入调研，认真撰稿；作者交稿后，出版社十多位编辑精益求精、全心投入，与作者密切联系，反复讨论，改稿磨稿。整个项目前后历时三年，于今终于可以和读者见面了。

希望本丛书的问世，能给广大学生、家长、教育工作者一些切实的帮助，为新时代中国人才培养工作贡献一份力量。对于丛书中可能存在的问题和欠缺，欢迎读者提出批评建议，以便在图书再版时改进。

目录

第一部分

优化学习过程，提高学习效率

第一讲　凡事预则立，不预则废

——充分预习：把握学习重点

叶圣陶先生曾说过："自学的本领是用之不竭的能，储能就要储这样的能。"对于高中学段的学生而言，课前的充分预习，就是培养学生的自学本领。预习就是"预备学习"，是新课学习的起点，指学生在跟随教师学习之前对新课内容作浏览，有一个大致了解，为新课的有效学习做好预备工作。充分的预习，可以帮助学生养成自主学习的好习惯，能够激发学生的主观能动性，使其把握学习的重点。学生的有效预习可以大大节省课堂时间，减少无效或者低效的教学活动，让学生可以将更多精力放在思考探究和讨论交流上，优化教与学的体验，提高学习效率。

预习环节虽是在课堂教学活动之前，但却是有效教学必不可少的一部分。由于高中学段孩子需要更多注重对其能力水平的培养和学法的指导，所以，想要预习"有效"，就需要科学地设计预习任务。

一、预习任务的设计原则

1. 预习方法的指导性原则

学生通过完成预习作业，能够掌握一定的预习方法，更加顺利地开展自主学习。

2. 预习内容的具体化原则

学生在完成预习作业时,根据预习内容指引,能够清晰明确地知道自己需要做什么,有哪些步骤,有哪些方法,等等。

3. 预习过程的问题意识原则

学生是带着问题去完成预习作业的,是带着目标去探索预习内容的。要让学生在完成的过程中,会思索,能质疑,边预习边思考。

4. 预习作业的适度性原则

预习作业的难度不能太大,预习主要是为了激发学生的学习兴趣,而不是为难学生。预习作业也不能设计得太多,以免影响正常的教学安排。

二、预习任务的设计实践

(一)阅读类预习任务

无论什么学科,阅读理解都是一项重要的能力。阅读类任务的作用就是指导学生如何去读以及如何表达自己的看法。

1. 阅读指导类预习任务

这一类预习任务,旨在指导学生如何阅读课本。可以请学生对课文重点内容进行圈画,标出自己不理解之处。简单而言,就是找出重难点,发现存疑点。这类任务比较适合新授课。

2. 阅读概括类预习任务

这一类预习任务旨在提升学生的概括能力,既可以用在新授课,也可以用在复习课,能够帮助学生搭建起立体知识网络,发现所学知识的内在逻辑关系。

例如:历史课,就可以请学生编制包括欧洲各国资产阶级革命发生的时间、发生的原因、引领的代表人物等内容的表格,等等。

3. 阅读感受类预习任务

阅读感受式的预习任务比较适合文科类学科。请学生阅读完课文后,针对课文内容写出自己的感想、看法等。

例如：语文《故都的秋》一课,可以请学生就自己的阅读写下阅读感受,这有利于增进学生对于课文的理解,也可以锻炼学生的美文赏析能力。

4. 阅读整理类预习任务

阅读整理类预习任务可以依托表格的制作或填写来进行。表格的特点就是清晰明了,非常利于知识点的梳理和比较,文科理科类学科都可以使用此方法。

例如：数学函数的复习课,就可以请学生将各种函数放在一个表格中,方便比较和记忆。

(二) 思考类预习任务

思考类预习任务需要学生通过一定的思考,在课前就获得一些知识与技能。它可以帮助学生理解,激发学生的学习兴趣。

1. 思考推导类预习任务

对于理科,公式、原理等不应该是在预习中直接去看结论,不应该是背下来会用就可以,而是需要理解它们是如何推导而来的,也就是"知其然,知其所以然"。这样学生在后续的学习过程中才不会轻易地忘记,而且能更懂得灵活地实际应用。

2. 思考问题类预习任务

可以将课堂的重难点分解成几个问题,请学生带着问题思考预习,这会大大增强预习的目标感,聚焦重难点。带着问题预习,就是有目标指向;不带问题预习,就是没有目标指向。两者在效率上会有明显差别。

3. 小组讨论类预习任务

可以设计一些值得讨论的问题,让学生自行分组讨论,在课上呈现一个小型的研讨报告。这既可以激发学生的探究欲望,也可以使学生在头脑风暴的过程中活跃思维品质。

(三) 练习类预习任务

练习类预习任务比较适合理科学科,让学生通过在实际中解决问题来更好地理解学习重难点。

1. 简单练习类预习任务

对于理科类学科,学生是否真正理解了概念,还是需要习题实战来检验的。通过一些简单的练习,学生可以看到自己的预习成果。若是做错了,可以发现漏洞,聚焦学习重点;若是做对了,可以增强信心,提升自主学习能力。同时,教师通过预习作业,可以发现学生的起点问题,这对教学方案的设计有帮助作用。

2. 实践探索类预习任务

实践探索类的预习任务很适合生物、化学、地理等与生活实践联系更为紧密的学科。

学生在课前进行一个简单的实验,并记录下实验过程、实验结果以及碰到的问题,等等,在课上可以和同学一起分享,有针对性地向老师提出问题,提高学习效率。

(四) 查阅类预习任务

这类预习任务要求学生查找资料,锻炼信息搜索的能力,拓展知识的外延。

可以请学生利用网络、工具书或者参考资料等查找相关信息和资料。需要注意的是,要请学生注意信息的筛选和分类,而不是随意地收集一大段不作任何处理的无效信息或者照抄材料。

同时,这类预习任务不单单是面向教师的,而且是面向班上所有的学生的,所以一定要注意学生之间是否有交流。

三、反思与提升

在实践过程中,有以下几点是需要注意的:

1. 适度布置预习任务

预习任务是一种预演,其主要目的是让学生了解学习的内容。若是预习任务就需要花费很多时间,那么,学生势必不会有很好的学习体验,容易产生恐惧和倦怠心理。所以,预习作业的完成在 20 分钟以内是最为合适的。

同时,预习任务也不宜过难。因为预习毕竟就是预习,第二天的课还是得听。若是直接将需要通过一定指导才能完成的题目放入预习作业,会给学生造成一定的心理压力,减弱其学习兴趣,不利于其第二天的听课。

2. 预习任务只需要呈现一部分学习内容

预习任务需要呈现一定的学习内容,但不需要呈现所有的学习内容。学生对于学习的内容,需要有一些好奇。全然呈现好比底牌全出,学生就不会有探索未知的期待了。同时,课堂的预设过多,不利于学生的探索思考,也不利于老师对于生成的关注。

所以,预习任务的呈现还需要"犹抱琵琶半遮面",给学生留一些神秘感。

3. 预习任务需要根据学习阶段的不同而调整

虽然同样都是一个类型的课文,但是随着学生认知水平的提高,应该有不同难度的预习任务与之匹配。预习的难度应该是与学生能力相称的螺旋式上升的情况。这样的预习任务对于学生循序渐进的学习是大有益处的。

4. 预习任务可以进行分层设计,因材施教

一个班级的学生的学习起点是有差异的,教师可以根据学生的具体情况进行分层设计,以满足不同层次学生的学习需求,使学生找到最适合自己的学习内容。

5. 预习任务是需要检查反馈的

预习任务同样需要检查,需要反馈。检查的目的,一是引起学生的重视,二是帮助教师发现学生学习的起点,利于备课,利于现场教学活动的展开。而反馈,一是给予学生尊重,让学生知道自己做的作业,哪怕是预习作业,老师也是很认真地在批阅,无形中给学生一个信号:老师在关注你,这项作业需要认真对待。二来,反馈也是鼓励学生的好时机,通过展示优秀作业,树立榜样作业,增强学生信心。

第二讲　两耳不闻窗外事

——高效听课：掌握知识核心

　　学生学习效率低的一大原因就是听课效率低。听课效率低，常常是因为没有良好的听课习惯。叶圣陶先生曾说："凡是好的态度和好的方法都要使它化为习惯，好的态度才能随时地表现，好的方法才能随时地应用，好像出于本能，一辈子享用不尽。"端正听课态度，运用科学的听课方法，可以帮助我们"两耳不闻窗外事"，高效听课，掌握知识核心，提升学习能力。

一、端正听课态度，克服消极心理

　　听课态度不端正常常由以下几个原因造成：

1. 学习基础薄弱

　　学生学习基础薄弱时，很可能上课就会听不懂。一次听不懂，两次听不懂，在学习上没有成就感，陷入恶性循环后，对于自身信心的打击就会非常大。于是，学生就会畏惧逃避，产生"反正也听不懂了，不如就这样好了"的消极心理，自暴自弃。出现这样的情况，就需要老师的帮助。孩子可以和老师聊一聊，寻求老师的帮助，说说自己的状态，和老师交流自己的学习困惑，请老师看看自己总是听不懂的问题所在，为自己诊诊脉。多和老师沟通，让自己化无力为有力，重新树立信心,认真听课。

2. 不喜欢任课老师

学生多少有些"亲其师,信其道"。对于喜欢的老师,就很愿意多听他们的课,很愿意认真对待。世上无难事,只怕"认真"二字,所以自然成绩不错。然而,对于自己不喜欢的老师,就好像他所教的学科也是讨厌的对象,提不起兴趣,不愿意好好听课。

出现这样的情况,就必须理清自己不喜欢老师的原因是什么。当然,这个原因得先从自己这里寻找,搞明白自己是否对老师存在误解,自己不喜欢的究竟是什么。如有必要,可以找老师当面沟通,或者寻求心理老师的帮助。积极地面对问题有利于事情的解决。

二、运用科学方法,掌握知识核心

1. 用心"看"

用心"看"包括课前用心"看"(预习)和课上用心"看"(板书)。

首先,一节课想要听得高效,必然需要事先对课堂的学习内容有所了解,这就需要我们在课前做一些预习工作,完成课堂准备工作。在预习时,主要以课本为载体,仔细阅读,熟悉一下教材,发现自己的疑惑之处,在课上就能够有效地关注自己欠缺的这部分。同时,事先的看书也可以激发自己的学习积极性,令自己对第二天的课充满期待。

其次,在课上,要重点去看老师上课的板书。老师的板书都是精心设计的,是本课的知识要点的集结,其目的是让学生一目了然地了解本课主要内容。观察板书的形成还可以帮助自己了解知识的内在逻辑结构。课上的这些用心"看",有利于课后的复习,使复习事半功倍。

2. 用心"听"

用心"听"包括听重难点、听过程解析和听总结部分。

全程跟着老师走,不开小差,全神贯注地听课是很重要的。当然,听课是有侧重点的。

首先,重点难点专心听。因为课前已经做了一些预习,自然就会知道本节课的重点和自己的难点在哪里。有时,你会发现老师突然音高八度,再三强调某一部分,那就是在详解重点或难点。

其次,先听懂再记录。有时,老师在讲一道题,有的同学就想把每一步都记录下来,方便自己回家再复习。殊不知,你跟着老师的思路听老师讲一遍,比你记下来再自行研究,一定是效率更高的。在听的过程中,你若发现自己哪里是不理解的,就可以记下存疑,或是当场提问。笔记可以课后再补,若是为了笔记的完整而放弃了听课,那是得不偿失的。比如数学,更重要的是听例题的解题思路,听懂了思路,可以下课自行演算,这对于数学能力的提升也是有利无害的。

第三,总结部分仔细听。在一个环节结束时,老师总会进行一些概括总结,帮助学生理清思路,方便学生积累记忆。总结往往是一节课的重点,学生听完总结后,常常会觉得突然明白了,很有收获。对于学生而言,高度概括能力可能并没有老师强,因此,进行完思维活动后,老师的适时总结会让学生产生醍醐灌顶之感,听之有效。

3. 用心"写"

用心"写"包括认真做笔记、记下思考点和认真做当堂练习。

首先,课上需要认真做笔记。做笔记的目的是日后更好地复习。老师上课时的板书自然要记,但不能只记录老师上课时的板书。有时候,老师讲的一些你认为对你很有帮助的话,同学回答中一些对你很有帮助的话,都需要记录。所以,笔记是要根据自己的情况来用心记录的。

当然,在记笔记的过程中还要注意简洁明了,可以先记录下一些关键词句,用一些自己能看明白的速写方法,主要是让自己课后能够回忆起来。千万别为了笔记中句子的完整性而忽略了重点内容。

其次,一边听课的过程也是一边思考的过程。若是在听课过程中发现有疑问,就可以及时地记录下来,圈画出来,以便适时向老师提问。

第三,上课时,老师也会请同学来当场练习一下,此时都应认真完成。有时候的练习是承上启下的,既是对上一环节的总结练习,也为下一个环节进行铺垫。有时候的练习是当堂检验,在做的过程中就可以检测自己的听课效果了。若因为怕做错而不认真练习,可就错失发现问题的良机了,会事倍功半。

4. 用心"说"

用心"说"就是促使自己不断地积极思考,包括上课主动回答问题、积极展开讨论以及敢于提问。

首先,上课应该主动回答老师的问题。当老师提出一个问题时,学生就应该积极开动脑筋,认真思索,尝试去回答。在回答问题的过程中学生会发现自己是否弄明白了上课的内容,也可以锻炼自己的语言表达能力。同时,通过学生的回答,老师可以发现学生的掌握程度,可以对学生作出具体的指导。

其次,上课需要积极参与讨论。在授课过程中,为了让大家得到更多的启发,老师常常会使用讨论这个方法。头脑风暴就是思维火花的碰撞。你有一个思想,他有一个思想,当我们开始进行思考交流时,我们就会同时拥有两种思想,何乐而不为呢? 通过交流,学生之间会相互启发,相互促进,对于知识点的理解也会更深刻。

第三,敢于提问。在课堂听课过程中,学生总会有不理解之处,要敢于抓住机会向老师提问。一来,自己可以搞懂这个问题;二来,也会给其他同学以启发;三来,还可以让老师明白现阶段同学们掌握的大致情况。有疑问,敢提问,就会有进步。

拥有了端正的学习态度和科学的听课方法,听课就会成为一种享受而不是一种负担。学生听课效率高,自然就能产生学习兴趣,拥有学习动力,在取得一定成绩后,就会进入良性循环,就能事半功倍。

第三讲　好记性不如烂笔头

——有效笔记：理清课堂思路

俗话说："好记性不如烂笔头。"在课堂听课过程中，我们需要做课堂笔记来帮助自己学习。所谓记课堂笔记，就是在课堂学习活动中，对课堂获得的学科材料信息有意识地加以理解、分析到记录下来。记课堂笔记可以帮助学生在听课过程中更为专注和努力，可以帮助学生对课堂内容进行有效思考和记忆，可以帮助学生理清课堂思路，从而做到高效学习。

一、记录笔记的重要意义

1. 记录笔记有利于复习

人的大脑不可能一下子捕捉到所有外界的信息，所以需要一些辅助的方法。记录笔记就是一项有效的方法，它可以成为我们接收信息的外部存储。课后，通过翻看笔记回忆课堂内容，学生可以对老师的授课有一个较为全面的复习。此外，笔记还具有承上启下的作用，连接旧知识与新知识，温故而知新，是促进学习的一种手段。

2. 记录笔记是一段思维训练历程

记笔记其实是一个思维过程的展现，从接收外界信息，到理解分析，再到转化成文字信息记录下来。这个过程需要学生的专注力、理解和思考的能力、筛选和概括信息的能力等，可以说是一项综合性很强的思维活动。记笔记，就是在训练人的思维能力。

二、记录笔记过程中存在的几大问题

1. 过分关注笔记的完整性

有的同学做笔记的方式是只记录不思考，老师板书什么就记录什么，老师说什么就记录什么，一堂课的笔记好像是课堂实录，本人就好像是个书记员。这样的笔记看似很完整，面面俱到，但是缺乏本人的再加工思考，无助于把握课堂的重点。

2. 过分注重笔记的美观性

有的同学，尤其是女生，对于笔记有着美观的要求，会用许多彩笔进行区分，还会使用一些手账用品进行装饰。这样的笔记看似很漂亮，赏心悦目，但是有点主次颠倒了。如果把注意点放在笔记是否美观上，就是重形式轻内容的表现，于学习无益。

3. 不能做到听讲与记笔记两不误

有的同学不能平衡好听讲和记笔记，常常是注意听讲了但是没记下笔记，结果还没有下课就遗忘了一大半，于是下课就猛抄笔记。有的同学是埋头记笔记而忽略了老师的讲解过程，下课再看看自己的笔记，还是不太理解。对于学习能力较弱的同学来说，同时处理听讲和记笔记两项任务也确实有困难。

4. 对笔记没有再加工

有的同学只是将老师上课时讲的内容记录下来就算完成了笔记，课后对于笔记没有进一步的整理。没有整理的笔记也许可以找到上课时的重点，但是对于知识的系统性构建是有欠缺的。这样的学习所呈现出的状态很可能就是拥有一颗颗珍珠，却没有一条完整的珍珠项链。

想要避免走入这些笔记误区，我们需要掌握科学的记笔记方法。

三、科学的记录笔记方法

（一）康奈尔笔记法①的应用

想要科学记录笔记，为每个学科配备一个专门的笔记本是必不可少的。在记录笔记的时候，学会使用康奈尔笔记法，是很有必要的。

康奈尔笔记法又叫 5R 记录法。这个笔记方法源自美国康奈尔大学，利于课堂记录，利于课后复习。它由 5 个步骤组成：

1. 记录（Record）。在听讲或阅读过程中，在主栏（将笔记本的一面分为左小右大两部分，右侧为主栏，左侧为副栏）内尽量多记有意义的论据、概念等讲课内容。

2. 简化（Reduce）。下课以后，及早将这些论据、概念简明扼要地概括（简化）在回忆栏，即副栏。

3. 背诵（Recite）。把主栏遮住，只用回忆栏中的摘记提示，尽量完满地叙述课堂上讲过的内容。

4. 思考（Reflect）。将自己的听课随感、意见、经验体会之类的内容，与讲课内容区分开，写在卡片上或笔记本的某一单独部分，加上标题和索引，编制成提纲、摘要，分成类目，并随时归档。

5. 复习（Review）。每周花十分钟左右的时间，快速复习笔记，主要是看回忆栏，适当看主栏。

（二）创造自我认可的符号系统

在做笔记的过程中，利用一些符号来标注重点、进行比较、强调记忆、提出问题等，是很有必要的。这个符号可以由自己来定义，只要一看到这个符号，就明白

---

① 陈琦，刘儒德主编. 当代教育心理学［M］. 北京：北京师范大学出版社. 2007.

14

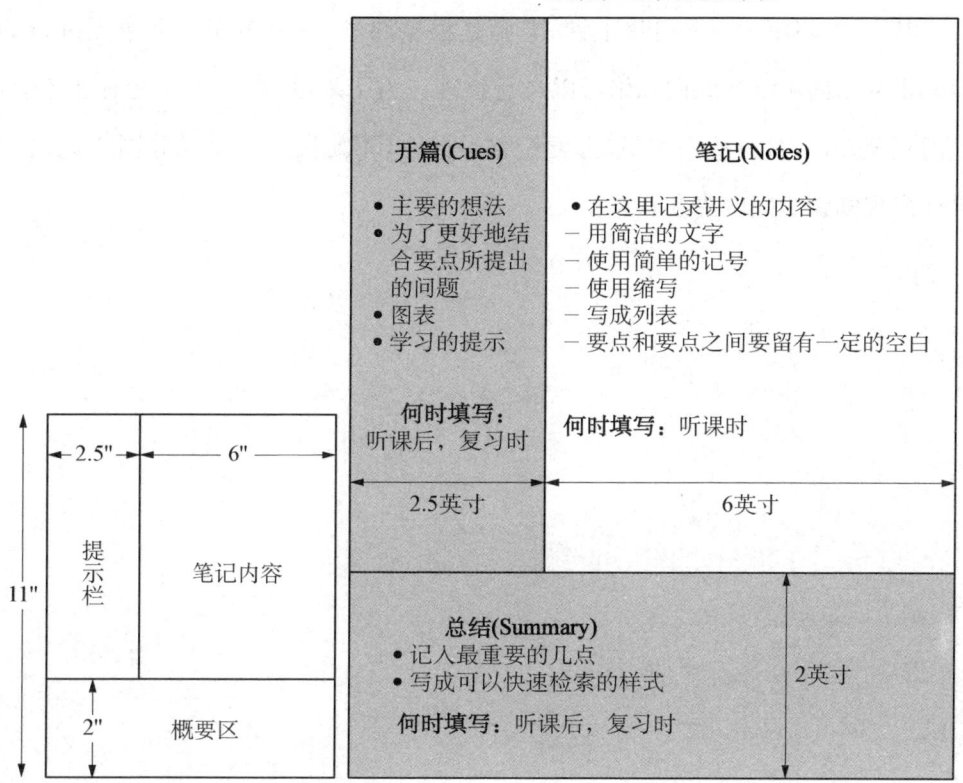

康奈尔式的笔记记录法

什么意思即可。比方说,在语文文言文学习过程中,有的学生将使动用法标记为"△",将意动用法标记为"▽",上课记录时快捷迅速又便于理解。

（三）课后整理笔记

在课上,由于既要听课又要思考,笔记常常会显得凌乱些,这对于课后复习来说是不利的。为了能够取得较好的复习效果,对笔记的整理是必不可少的。整理笔记可以帮助学生更好地建立系统的知识体系。整理笔记的行为就是一个梳理记忆的过程,可以使学生加深对学习内容的理解。

首先,补全笔记。由于老师讲课的速度比学生记录的速度快,所以笔记出现漏、略、少的情况是正常的。一下课,就得立马比照课本,对着笔记,回忆课堂内容,及时对未来得及记录的部分进行补全,以免时间久了就不记得了。这个部分,主要是为了保持笔记的完整性,利于复盘课堂。

　　其次,编辑笔记。平日里上课,老师是根据课本,一个单元一个单元进行的。但知识的横向脉络和纵向脉络可以自行整理。为了复习,可以联系之前已经学习过的相关知识,自行梳理编辑,方便记忆。此时,不妨做一个思维导图笔记,帮助自己发现知识之间的内在联系。

第四讲　温故而知新

——及时复习：巩固知识环节

子曰："温故而知新。"课后及时复习是相当必要的,是巩固知识、提升能力的好方法。

为什么课后一定得及时复习呢? 这与人的记忆能力有关。若是课后没有及时复习,那么就容易遗忘。

一、人类的记忆能力与复习的意义

德国心理学家艾宾浩斯让实验对象背诵一些可以读出但是没有实际意义的音节,由此得出实验结果,并且将实验结果绘制成描述遗忘进程的曲线,这就是著名的艾宾浩斯遗忘曲线。

艾宾浩斯遗忘曲线可以让我们清晰地知道两点:第一,遗忘从学习之后就开始;第二,遗忘的进程是先快后慢。我也曾经将学生分为两组,A 组在课后不组织复习,B 组按照艾宾浩斯遗忘曲线节点组织复习,一天之后,发现 B 组同学的记忆率明显高于 A 组。

由此可见,若是没有及时进行复习,那么很可能第二天只会记得三分之一的内容,这样的学习谈何效率呢? 所以,在课后,我们必须及时复习,巩固所学知识。

时间间隔	记忆量比例
刚刚学完	100％
20 分钟后	58.2％
1 小时后	44.2％
8—9 小时后	35.8％
1 天后	33.7％
2 天后	27.8％
6 天后	25.4％
1 个月后	21.1％

艾宾浩斯遗忘规律

所谓的复习,就是温习已经学习过的知识,把它们牢牢地锁定在记忆中。其实,复习的重要性人尽皆知,而不同的复习策略会对复习的效果产生重大影响。若是每次的复习就是简单枯燥的背诵或是机械单调的做题,那么学生的学习兴趣很快就会被消磨。所以,复习的科学性是我们需要注意的。

二、科学复习,事半功倍

1. 及时复习与反复复习

根据艾宾浩斯遗忘曲线表明的遗忘发生先快后慢的特点,我们需要将及时复习与反复复习相结合。及时复习,就是在学后不久就复习;反复复习,是指经常性地去复习已经学过的知识。

我们在学习新知识后,就需要及时复习以巩固课堂所学。同时,我们也需要反复复习,以达到最好的学习效果。比如,在课上,老师讲解了象征手法的定义,就可以马上请同学来说一遍,再一次重复可以延缓遗忘。第二天的课上,还可以请同学回答。将再次回忆作为新课的导入,先巩固旧知识,再讲解新知识。老师带着学生链接旧知识与新知识,温故知新,效率加倍。再比如,在背诵单词方面,学习的词汇当天就得及时背诵,第二天的早上也需要再次背诵。这样,背诵就不会成为应付老师默写的瞬时强记了,瞬时强记只是一种短时记忆,很快就会忘记。这样的学习是事倍功半的,花了时间却不见成效,得不偿失。

2. 点上复习与面上复习

为了确保复习的系统性,我们需要点上复习结合面上复习。点上复习,是指对于学习内容的重点、难点进行专攻复习;面上复习,是指完整地复习整节课的内容、整个单元的内容、整条知识链的内容。

在一个单元中,总有学生需要掌握的重点难点,也有一般性的内容。点上的复习,是为了让学生更好地掌握学习的重点,点上的内容往往也是提纲挈领的,是一通百通、触类旁通的关键点。抓住关键点,就好比是写作前能先打下腹稿,写明自己的观点,列出提纲,搭出一个骨架,这样文章必不会差到哪儿去。但是,一味进行点上的复习,是不利于保证知识的完整性的,也有投机取巧之嫌。知识链由许多的小点构成,若是忽视了这些小点,那么,你看到的就只是一颗颗珍珠而不是珍珠项链了。

3. 练习复习与检测反馈

对于课堂学习内容的巩固,是离不开练习的。而对自己练习的检测反馈,也是让我们发现自己知识体系的漏洞的过程,为我们进一步的学习指明了方向。

对于理科学科来说,一堂课结束,总需要进行一些习题的练习。这些习题或直接与课堂内容有关,或是课堂内容的变式衍生与拓展。完成习题的过程,也是回忆课程的过程。在哪里卡住,哪里就是知识盲点。

检测反馈不单纯是老师的事。学生做完练习,对一下习题的答案是一种检测反馈;老师批阅作业,分析作业,也是一种检测反馈。重要的是练习必须有反馈。若只是一味练习,其实是无效的。只有通过练习发现了问题,并且进行了再加工,在改正错误的过程中,才会有真正的提升。

4. 调动五感,多元复习

复习不能只是单一地使用一种方法,这不仅会让复习变得无趣,更会让复习没有效果。复习也不能只是用眼睛看看,要想办法听听、说说,利用五种感官的结合提升记忆效率。综合起来,复习可以采用回想、翻看、整理、复述的方法。

可以把老师上的课当成一场电影,闭着眼睛回想,在大脑中播放这段电影。有的地方会非常清楚明白,而有的地方就会模糊一些,有的地方甚至完全没有印象,这些都没有关系。如果哪里想不起来或者有不明白的地方,就可以翻看一下课本,或翻看一下笔记。在看课本或者笔记的过程中,需要注意并不是简单地从头看到尾,需要着重看的是本节课的重点以及你没有回忆出的内容。

在复习课本或笔记的过程中,动动笔也是十分重要的。可以结合课上的笔记以及自己的体会,对笔记进行再加工整理,这样既可以让学习到的知识内化,又可以让知识变得系统化,以后进行总复习会有事半功倍的感觉。

在每周或者一个固定周期的复习时,我们可以选择复述的方法,将这阶段所学的内容像老师上课一样讲出来。能讲出来,能讲连贯,说明是真的懂了;若是哪里卡壳了,哪里就是薄弱点,需要进行复习。

这样的方法也有助于记忆力、概括力、表达力的提升,可谓一举多得。

第五讲　学而时习之，不亦说乎？

——分层作业：拓展学习关键

孔子"因材施教"的教育思想影响了众多的教育从业者。对于不同层次的学生，我们所布置的作业的难度应是有所不同的。一直以来，作业常常会根据教学内容来设计，教师重视知识的复习和积累，所有人的作业都是一样的。对于成绩较好的同学而言，作业难度太低，是时间和精力的浪费，是对自我提升的限制；对于学力薄弱的同学而言，无法保质保量地完成作业，久而久之，陷入恶性循环。所以，根据学生的认知水平和学生的学习能力，进行不同难度层次的分层作业的设计是很有必要的。不同能力层次的学生根据自己的能力完成相应的作业，这样的作业设计，可以让不同层次的学生都能在原有水平的基础上得到进步。

一、设计分层作业的意义

1. 分层作业激发学生学习积极性

当教师布置"大锅饭"作业时，学生完成作业就好像是在完成任务一样。学习能力薄弱的学生每天都在完成"高难度"作业中度过，没有任何成就感，那么很快他们就会对学习产生消极情绪。当老师进行了作业分层后，学生做自己能力范围所能及的作业，就会慢慢有一些学习的成就感，从而对学习产生兴趣，激发其学习的积极性。

2. 分层作业可以激发学生学习上进心

因为作业由不同难度的题目组成，当完成了低难度的题目后，学生可以挑战一下高难度的作业。学生可以通过不断努力去提高自己的能力，上一个台阶。每一阶层的分层作业都是一个检测平台，当自己可以熟练驾驭自己所在平台的作业时，学生就可以走上更高层次的平台，学习的上进心就会被激发。

3. 分层作业利于教师关注到更多学生

在班级教育中，教师的备课是按照中等学生进行的，作业的难度也是如此。分层作业可以帮助教师满足所有学生的需求，关注到个体之间的差异，不会忽视能力较强或者能力较弱的同学，让这两部分同学都能感受到老师的关怀。对于教师而言，也可以在每个层次的学生上合理地分配精力，同时可以通过作业的反馈去了解学生的学习状态。

二、设计分层作业的原则

1. 基于学生学习起点的设计

了解学生学习的起点，就是设计出适合学生的作业。作业的难度应符合学生现有能力水平，可以略高，也可以略低，应该在一个正常范围之内。难度太大，学生没有成就感；难度太低，浪费学生的时间和精力，学习效率低。过难或者过易，都会让作业检测学习效果的作用失效。适合学生的作业，应该既具有检测性，又会让学生保持对学习的热情。

2. 体现不同能力层次的设计

有的知识需要"识记"，有的知识需要"知道"，有的知识需要"理解"，有的知识需要"掌握"。根据不同能力层次设计不同的作业，可以训练学生不同的学习能力。不同层次的作业完成的方式也是不同的，既符合本能力训练的要求，又能够让学生有新鲜感，避免单调，利于作业的高效完成。

3. 兼顾应试性与趣味性的设计

完成作业是为了巩固学习效果,因此作业难免会体现一些应试性。纯应试性的作业会带给学生很大的学业压力,在设计分层作业时,不妨加入一些形式和内容都比较有趣的作业,提升学生的学习兴趣。当然,需要注意的是,趣味性的作业应该是与本课内容相关的,只是做了一个拓展或是改变了原来枯燥作业的外貌。

三、设计分层作业的方法

1. "规定动作"和"自选动作"相结合

可以把分层作业分为两类,一类是全体学生都必须完成的基础题,一类是学有余力的同学完成的提高题。全体学生都必须完成的就是"规定动作",学有余力的同学完成的就是"自选动作"。或者将分层作业分为三类,一类是学习能力较弱的同学完成的,一类是学习能力一般的同学完成的,一类是学习能力较强的同学完成的。每一类同学完成与自己能力相适应的作业为"规定动作",挑战高一级难度作业或者想要再夯实一下基础而完成低一级难度作业的为"自选动作"。

同时,能够完成高难度题的同学,可以让他们和学习能力较弱的同学结成对子,或者好中差三档同学结成学习小组,进行生生互助。学生给学生讲题有两个好处:一是能够用学生之间的"通关密语"交流,学生相互间比较了解,能自然产生亲近感,成为学伴;二是负责讲题的同学,自身的学习会更扎实,教会别人的同时也对问题加深了印象。

2. "课堂重点"与"拓展延伸"相结合

作业既可以是检验本课学习效果的与本课重点相关的内容,更可以是基于此设计的拓展内容。如《阿房宫赋》一课,可以设计"《阿房宫赋》一文中,杜牧认为秦国为何而亡?"一问作为本课的作业,还可以设计"请比较说明《阿房宫赋》《六国论》中秦亡原因的异同"这样的拓展问题,这样既可以丰富课内学习,同时也培养了学生比较阅读的能力。

四、分层作业实践中产生的问题

分层作业在实践中也产生了一些问题,需要我们继续进行进一步的探索。

1. 如何减弱自我价值感低的学生的自卑感

分层作业会对学生的能力进行分层,这常常会让自我价值感较低的学生产生自卑感。有的学生自身能力偏弱,但是却很害怕被人发现在做较低能力层次的作业,会坚持想要完成高能力层次的作业。当完成不了时,心中就会产生巨大的落差。

2. 如何有效地讲评作业

分层作业对老师的备课量、作业批改量要求都很高,对老师时间、精力的分配都是一种考验。在讲评作业时如何兼顾几类同学的需求,是老师需要考虑的。若是一味讲评基础题,那么选择提高题的同学得不到反馈,必然会产生消极的情绪。同样地,一味讲评提高题,也大大不妥。如何做好平衡,是一个需要继续摸索探究的问题。

第六讲　独学而无友，则孤陋而寡闻

——讨论交流：培养角色意识

社会是个大舞台，每个处于成长过程重要阶段的高中生都生活在一定的社会关系之中。随着年龄的增长和思维品质的发展，他们已经愿意并能够承担一定的义务和责任，并且力求在这种相互关系中通过创造价值来获得社会，尤其是身边最亲近的人的认可。借用戏剧舞台用语，高中生在这种关系和活动中的定位就是"角色"。而广大高中生愿意通过行动为家庭和身边人做些事情，证明自己的能力，意味着他们已经有了角色意识。

一、角色意识的认识及其价值

一般认为，学生的角色意识就是学生对其社会地位、学习生活的认识，以及对学习知识价值的理解、对学习行为规范的认同与把握等。也有学者强调学生角色意识即学生的某种精神与心态，认为学生角色意识是学生对学习的整体理解与鲜明心态[1]，或是学生对学习的责任心、积极性与自觉性[2]。角色意识强的学生富有责任心，对学习抱有极大的热情与积极性；角色意识弱的学生责任心缺乏，学习少

---

[1] 李湘玉. 论教师的角色意识及其调适[J]. 天中学刊，1996(增刊).
[2] 张东娇，马健生. 幼儿教师的职业性格及其培养[J]. 学前教育研究，1995(4).

有热情,表现于外则是教育行为具有随意性、情绪性。我们认为,学生角色意识是指学生对自身角色地位、相应角色行为规范及其角色扮演的认知、理解与体验,不仅包括动态的对角色进行认知、理解的过程,也包括静态的对角色认知、理解的结果。这里的认知结果一方面表现为学生稳定而深层的观念,另一方面表现为学生的情感体验和心理感受。学生角色意识所指向的对象也是多种多样的,不仅包括学生自身所处的角色地位、所享有的角色权利与承担的责任,还包括学生扮演角色所需要遵循的行为规范、行为模式,以及学生实际进行角色扮演的过程与结果。高中生的角色意识是作为学生对自身学习生活角色的认知与体验。一般而言,广大高中生都将自己的角色意识与求知精神、社会道德等同起来,认为自己的角色意识就是热爱生活、刻苦学习的精神,是执着于学习生活的高尚道德。

由此可以看出,高中生的角色意识具有自身独特的含义与内容:(1)对角色地位的认识与理解。如自身在社会中处于什么样的地位;在学习中又处于怎样的位置;与不同对象进行互动时,分别将自己确定为什么样的身份,为什么进行这样的定位;各种角色的价值与作用是什么等。(2)对角色规范的理解与把握。高中生只有了解角色规范的基本要求之后,才能很好地扮演其角色,而对角色规范的理解即学生对自身角色权利、责任、行为准则的思考,如认为自身分别承担着哪些角色,每种角色具有什么样的权利与责任,相应的行为规范又是什么;对应于不同角色的高中生认为须具有什么样的行为模式,可以以何种方式去扮演这个角色等。(3)对角色扮演的体验。如学生对自身角色行为适宜性的判断,对角色扮演困难度的感受;在实践中学生感到对何种角色的把握较为容易,对何种角色的扮演较为困难;学生分析与判断自身角色行为对他人产生了怎样的影响作用,自身与互动对象的关系如何,自身角色扮演受哪些因素的影响,角色扮演产生问题的原因在哪里,如何有效提高自身角色扮演的效果等。

对广大高中生而言,其主要任务和活动是学习,他们的角色意识主要表现在学习过程中的主体意识、参与意识、问题意识和创新意识等,这也是日常学习培养的结果。

二、案例呈现及分析

下面的学习场景发生在"常见金属的化学性质"的教学片段中[①]。其主要学习目标是通过精心创设实验,启发学生利用这些感性材料思考问题,培养高中生的问题意识和主体精神;在发现这一过程中"看到"化学现象背后的本质,帮助学生理解实验目的、实验现象与实验结论间的逻辑关系,培养学生基于证据进行推理的能力,发展其合作意识和创新意识。其中 T 代表教师,S 代表学生。

T:通过对前一章内容的学习,大家知道了镁能够与醋酸反应,那么请你们想想其他常见金属是否也能够与酸(稀盐酸、稀硫酸)反应? 反应的情况和结果是否和镁相似?

(稍作停顿,给学生留出思考时间,拓展学生思路,激发学生质疑,确立其主体性)

T:下面请大家动手做一些化学实验,来观察它们在这方面是否也相似。

(全班同学分 A、B 两个实验组,A 组的同学完成锌、铁、铜和稀硫酸反应的实验,B 组的同学完成铝、铁、铜和稀盐酸反应的实验。让他们在做中学,分组实验可以锻炼他们的合作意识)

(教师作为指导者和帮助者,在旁边提醒学生注意实验步骤、反应中观察要点、对比反应的剧烈程度并做好活动记录,同时促进实验过程中小组同学之间的交流和互动)

······

T:请 A 组一位同学汇报观察到的现象和实验过程体会,说说通过实验能得出什么结论。

---

① 陈美钗,王云生.《金属的化学性质》课堂实录与点评[J].福建教育:中学版,2012(7).

S1：……

T：接下来我们请 B 组一位同学来汇报。

S2：……

（大家共同交流讨论后）

T：好，哪位同学能就两组实验中所观察到的现象，做一些比较、归纳？

（锻炼学生的表达意识、探究意识及相应的能力）

S3：我觉得，除铜外，这些常见金属都能和酸溶液发生反应并释放出气体。我还发现不同金属和稀盐酸反应情况不同，强烈程度依次为铝、铁、锌、铜，说明这些金属之间好像有一种内在一致性关系，可我说不出来。

（学生、老师听了，都会心地笑了）

T：你怎么想到它们之间有一种关系的呢？

（通过深入引导，进一步促进学生思考和拓展，以便培养学生的学习意识和创新意识等）

S4：有些金属根本没有产生气泡，产生气泡的速度也不一样。

S5：有要补充的吗？

……

T：很好，你们的观察很仔细，能不能就你们所观察到的现象做进一步的推理？

……

T：请写出有关反应的化学方程式。

三、策略与方法

确立高中生的主体精神，培养其创新意识，塑造其健全的人格，是核心素养的基本内涵和要求，已成为当今基础教育改革和研究的课题之一。笔者结合多方面的研究成果、自己的教学经验以及上述课堂实录，就核心素养理念下学生的角色意识养成提出以下策略。

1. 自我营造和谐的学习氛围，养成主体参与意识

任何实践活动都是建立在实践者的主动性和能动性前提下的。高中生的学习活动要想达成一定的成效，学习主体就必须有参与意识。这种意识一般在民主、宽松情境下才能养成。因此，高中生希望得到教师的尊重，希望自身学习行为的价值得到认可，但更重要的是，自己应该寻求和营造适合自身特点的最佳学习情境。在平时的学习过程中，要养成静心的习惯，遇到问题能冷静思考，积极和同学、老师交流，多方论证和推理，多参加探究活动。

2. 学习应以个人主动建构为主，自觉培养主体意识

高中生学习是通过对知识意义的主动探索从而建构知识意义的过程。高中生的思想中已经存在着一些相关的概念和构建相应知识体系的意识。因此需要帮助他们学会连接新旧概念和知识，如上述案例中学习镁金属能够和酸反应后，自觉推及和联想其他金属的情况，并主动进行实验探究和推理，进而培养他们勇于发问的学习精神，使其自觉掌控自己的学习过程，成为学习的主人。

3. 自我转变角色，激发创新意识

当前我国基础教育课程改革要以核心素养为引领，其核心是促进高中生在学习中不断进行创新。因此高中生要认同学习是自己的事情，自觉转变角色和学习的方式方法，如上述案例中高中生通过自己实验证明所要解决的问题的过程就能很好地调动其积极性和好奇心；确认自己是学习活动的意义建构者，是信息资源的发掘者和设计者，是学习活动的合作者，本案例中高中生实验过程就是资源的组织过程，是合作探究过程；要主动预习学习内容，熟悉自身认知特征，掌握思维特点和规律，整合现有的信息手段，开发所需要的学习资源，不断创新学习方法，丰富学习经验，体验收获的喜悦和探究过程的乐趣。[1]

---

① 郑美红.建构主义学习观的教学实践——探讨科学教学法[M].香港：香港教育学院出版社,2002.

四、反思与展望

　　核心素养的培养最终要落实到学生的综合素质培养和提高上,为学生终身学习打下坚实的基础。因此,在课堂教学中,教师应强调让高中生在参与中学会学习、学会创新、学会合作;倡导自学—质疑—讨论,强调以高中生的自主学习为中心,让他们自己去探究文本,发现问题,然后通过师生互动改变独学无友的情况,解决问题。问题是师生开启成功之门的钥匙,因此调动学生主体意识、创新意识的关键是课内的设疑、质疑、讨论、点拨,教师应把课堂教学提升至"允许+宽容+同情"的至真、至善的境地,并进行启发引导,循循善诱,创设问题情境,鼓励质疑,激活学生的问题意识;让学生们在相互激励和启发下消除困惑,把课堂教学打造成为以学生为中心的互助、合作、交流的学习过程,让高中生在丰富多彩的学习活动中构建自己的认知结构,使他们学会学习,善于思考。教师要借助对任何一个有启发性的问题的争论、探讨,进行适度点拨,引导学生个体共同参与,促进思维积极碰撞、情感自然交流的过程,培养高中生监控和调节学习的意识和能力。教师要真正转变学生的学习方式,培养学生的学习意识,使广大高中生会学善学,勇于反思。

第七讲　循序而渐进，熟读而精思

——过程性评价：发现学习进步

苏霍姆林斯基曾说过："在人的内心深处，都有一种根深蒂固的需要，就是希望自己是一个发现者、研究者、探索者，而在青少年的精神世界中，这种需要特别强烈。"

一、案例呈现与分析

明明在小学和初中时就已经沉迷游戏难以自拔。到了高中阶段，家里遭受了巨大的变故，爸爸生意失败，全家举步维艰。这个时候，明明打算好好学习。他为自己确立了新的目标——通过高考进入某 985 高校学习计算机专业。然而"理想很丰满，现实很骨感"，罗马城也不是一天建成的，高二上学期的月考成绩仍旧离梦想太过遥远，但是好在比高一好多了。

又到了家长开放日的时候，明明的妈妈仔细地问起班主任他的情况。

"这次考得还是那么差，看来考上好的大学是没指望了！"明明的妈妈唉声叹气地说道。

"谁说的？现在才是高二上学期，还有好长一段时间，能赶上的。咱们不能用现在的成绩去评判他。其实，明明的进步是非常大的。也许现在还没有体现在成绩上，但请您相信我，明明高考绝不会是现在的水平。"

"此话怎讲?"

"明明现在的学习状态完全不是过去懒散的样子了。他上课聚精会神,虽然还是时常听不懂,但下课就追着任课老师问问题。这些虽然在成绩上暂时看不出来,但是他是一个需要鼓励的孩子,他的努力需要被发现、被认同,所以单单以一次的成绩否定他是不公平的。学习是长期积累的过程,不能一口吃成个胖子吧!您在家多看他的付出和行动,不要总是关注眼前的成绩,时间久了,您看看他有变化没?"

"那怎么鼓励呢?"

"在学校里,我们越来越注重过程性评价,如在恰当的时机给学生一句赞赏和鼓励的话,将具有良好品行的学生的优秀事迹在全校播报……在家庭中,您可以营造积极的家庭环境,孩子做作业比上一周认真了,可以表扬一下,不必只在乎考试的结果,可以和孩子一起分析原因……孩子需要的是老师和家长对他付出行为的认可和肯定,这样他学习的内驱力才会逐渐增强。"

最后,明明虽没有进入自己心仪的 985 高校,却也考进了一所一本院校。人一旦认真起来,真的是连自己都怕,因为内驱力的作用比外驱力大得多。

比格斯认为,学习方式对于学习的结果有重要的影响,这种影响可以用他的 3P 学习模型来表征[①]。

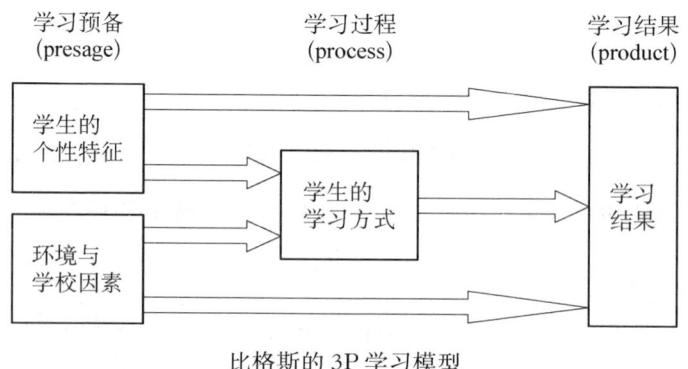

比格斯的 3P 学习模型

---

① 吴维宁.过程性评价的理念与方法[J].当代教育科学,2005(16).

学生极其在乎学习结果,却不知如果没有正确的过程评价,没有形成良好的思维习惯,那么下次遇到岔路时还是不知道要如何选择。因此,注重学习过程,解决学习中的"拦路虎",发现自己的进步之处,明确自己内在的学习动机,明确不是为分数而学,而是为获取知识、提高能力而学,才是真正有效的学习。

传统的学习评价总是关注学习结果,紧盯考试成绩。而一旦关注过程性评价,教师和家长就可以清晰地找出孩子在学习中是哪个环节出现了问题,思维方式哪里出现了偏差,知识点在哪里又有了断层。

二、策略与方法

过程性评价有两个重要特征,其中之一是关注学生的学习过程。现在的评价方法以及评价工具很多,无论是当堂的小测验,还是期末测试、升学考试,其实都是对学生学习结果的一个评价,评价过后,学生在意更多的是评价的结果,而非需要改进的地方,所以就造成学生表层式的学习方式。而过程性评价关注的是学生的学习过程,利于学生进行深层式学习,找到学习的盲区和死角。例如,学生可以通过自评、互评的方式,评价自己的学习状况,为自己制作或调整学习方案,从根本上自发学习,提高学习的自觉性和有效性。其结果是形成"深层式学习方式——高层次学习结果——深层式学习方式"的良性互动。

过程性评价按照评价是否规范,可分为随机评价和程序评价。小组互评记录、过程性评价量表、教师评语等都是有效的程序评价方式。而这里着重提出的是随机评价。随机评价对学生的影响是巨大的。"良言一句三冬暖,恶语伤人六月寒",老师和家长的一句表扬和批评对于孩子的影响极大。除了语言之外,他们的语气、动作、神情等方方面面,都是对孩子的特殊的评价方式。所以,家长们也在不经意时运用过程性评价表达了对孩子的肯定或否定。这样的评价可以引导孩子的学习与思考,规范他们的学习行为与学习方式。

由于任何一种评价方法与评价工具都不能完全评价出一个学生的全部素质

与能力,各种评价方式对学生的评价视角又各不相同,所以对于学生学习的过程性评价,应当尽可能地将各种方法结合起来使用。对于不同的学科内容和学生群体,可以选用不同的方法。

总结性评价总结的内容是固定的,结果也是可以预期的,而过程性评价关注的是非预期性的结果,评价的内容更加丰富,对学生的整个学习经验都可以进行过程性评价。过程性评价也不一定发生在学校之内,它不受时间和地域的限制。学生在非正式学习的过程中也可以进行过程性评价,如在浏览网页、讨论会、社区活动、自我阅读等活动当中都能够运用。通过过程性评价,能够引发学生的思考和新发现。

三、实践与反思

某实验学校的语文教师推行的"小小播音员"活动,将教学、比赛与评价结合起来,收到很好的效果。具体做法是:让学生课后搜集新闻素材,要求必须是最新的新闻,同时要与自己的学习和生活相关;将学生分为四个小组,每组同学都必须做好准备,每堂语文课随机抽取一组,组内选择一位同学播报新闻。根据播报的内容、流畅度、受欢迎程度、仪态和发音,老师当堂做出点评和打分。每月根据小组成员累计成绩评选最佳播报小组。"冰冻三尺,非一日之寒",这样的方式既有竞争,又有合作,长此以往,既让学生获得了最新的知识,又锻炼了学生的口头表达能力,总体上提高了学生的综合素养。

家庭教育当中更应该采用积极的过程性评价方式,赏识教育对孩子的影响比"打压"式来得更为有效。中国的家长太过于望子成龙望女成凤,孩子出现错误时,家长大多采用批评的方式。事实上即使孩子在成长的过程中出现了错误,也不能一味打压孩子的自信心,尤其是高中学生,本身的学习压力很大,心智逐渐走向成熟而未完全成熟,更需要家长积极地引导,挖掘让孩子深层式学习的方式,也需要孩子对于自己和他人在学习过程中的学习方法、学习态度进行自我反思与相互评价。过程性评价重视学习结果却不仅仅关注学习结果,更需要引导学生学习的主动性。在与父母的谈话中,孩子如果能获得正面的、中肯的评价,内心的喜悦不亚于一张考卷取得优异的分数,这可以进一步促使他努力学习,产生非预期的学习结果,最后形成投入性学习和深度思考的能力,不断进步。如果孩子的表现实在不令人满意,过程性评价则不是以考卷这样的直白方式告诉学生"你真的很差",而需要父母用智慧来引导孩子,比如与孩子进行一场深入内心的谈话,带领孩子做一次难忘的实验,通过信件的方式告诉孩子自己年轻时候遇到类似问题时的解决方法……

第八讲　学而不思则罔，思而不学则殆

——反思提升：培养思维品质

荷兰数学教育家费赖登塔尔教授说过："没有反思，学生的理解就不可能从一个水平升华到更高的水平。"课堂的练习、检测充斥在学生的学习生活中。高中学习阶段更有个专有名词叫"题海战术"，有人将它称为"制胜法宝"，而有人却在这茫茫题海中不知所措，越学越晕，题目稍微变化就束手无策。问题出在了哪里？只做不思，或者只学习而不懂反思，在已有知识和新的问题之间没有构建完整的知识结构。培养学生的反思性学习能力就是为了使其更好地完成知识的提升，把所学的知识迁移到不同的情境中去。

美国教育家杜威指出："反思是一个可贵的、能动的、审慎的认知加工过程，是对个体观念行为的再加工过程。"①

一、案例呈现与分析

小明和小鹏从初中开始就是同学，两人的成绩在初中时差不多，可是到了高中，小鹏的成绩一落千丈，而小明却是稳步前进。小鹏问小明："我每天也在认真听讲，

①［美］约翰·杜威. 我们怎样思维·经验与教育［M］. 姜文闵，译. 北京：人民教育出版社，2005.

认真做作业,为什么我的成绩落下了那么多? 你有什么秘诀吗?"小明反问小鹏:"那你有思考过自己的强项和弱项在哪里吗? 有回想过自己已解决了哪些问题,未解决的问题还有多少吗?"小鹏忽然之间就懵了,因为他只知道要努力,但沉重的课业压力让他只知道拼命前进,却忘记了要及时地回顾过去,总结经验,反思自己。

《孟子》中有句话叫作"行有不得,反求诸己"。在学习上我们也会遇到"有不得"的时候,这个时候如果不能反思自己,将会止步不前,影响后续的学习效果。"吾日三省吾身"是曾子对自己的要求,小明每天会反思自己的学习情况,而小鹏却压根没有反思的意识。

在小鹏身上,我们不难看出,他还是想要把学习这件事做好的,奈何各科老师的作业堆积如山,不知如何下笔,又没有自己的学习步调,不懂得及时反思。这种情况就会逐渐演变为被动学习,而主动学习一定离不开反思。

二、策略与方法

学习要在何时何地何情境下反思呢? 一种是对行动的反思,一种是在行动中的反思。对行动的反思指的是在没有行动以前,可以通过"前车之鉴"、之前的经验等进行反思,亦可以是在行动结束后写反思小结;在行动中的反思即当事人在进行活动时,与情境展开对话,提出问题解决的方案。

"ALACT 五步反思模式"是著名的教育心理学家科瑟根提出的反思学习模式。[1] ALACT 是由五部组成的连环图,这五个部分分别是:①行动(Action);②回顾与对比(Looking back on the action);③澄清与丰富概念理解(Awareness of essential aspects);④修改行动方案(Creating alternative methods of action);⑤尝试(Trial)。这五个环节是螺旋式上升的过程,如此反复,形成稳定的反思模式,提高"反思"的思维能力,习得良好的学习行为习惯,才能在持续的反思中提升

---

① 王建军.课程变革与教师专业发展[M].成都:四川教育出版社,2004.

自己的思维品质,真正提高学习效率。

三、反思的实践

1. 在练习中反思

学生在课堂中听课都是以自己现有的知识来构建对新知识的理解。教师应该引导学生们主动思考、积极探索,启发学生打开思维,不要仅仅是听讲,更要思考,做到听中有思、思中有悟,在听讲中学会捕捉引起反思的问题或提出具有反思性的见解。

以自主学习为中心的课堂教学,旨在唤起学生自主学习的意识,从老师"带着知识走向学生"到"带着学生走向知识"。反思性学习给学生更多的时间和更大的空间去思考,使其慢慢形成反思的学习方式,从死记硬背的学习方法中走出来,活跃思维,成为学习的主人。

作业、练习、考试等都是检测学生是否掌握所学知识的重要手段或者评价方式,一旦这样的方式运用过多,学生就会应付,如并没有真正掌握知识点,或者重复劳动,出现会做的永远会做而不会做的下次还会再错的情况。因此,在这个时候,反思就起到了关键的作用。及时回顾自己的作业和练习的错误之处就是一种反思,搞好反思环节才能在以后的学习中减少"拦路虎"的出现。

2. 在总结中反思

在课堂教学中,常常可以看到这样一种现象:当老师步步引导学生思考某个问题时,学生都能很好地理解与回答。但分析完以后,让学生再说一遍时,他们总是磕磕绊绊,表述不清,有时甚至一句也说不出来。这一点,正是学生对自己学习过程缺乏反思和整理过程的体现。因此,一个单元的新课内容完成之后,学生要及时将本单元的概念、公式、结构模式等进行总结,建构起一个知识网络。

"有些问题,老师一讲就会,而自己遇到问题却不会,这是什么原因?""解题时,为什么我会有无从下手的感觉?"

学生在学习过程中，难免会遇到弄不懂的地方。多数情况下他们接受的知识是零碎的、不完整的，而学科的每一个单元都是一个有序的整体，因此在一个单元新课内容完成后，学生通过自主反思，可以及时修正错误认知，查漏补缺，将本单元概念、公式、分类模式等进行总结，建构一个健全的知识网络。

3. 在错误中反思

孩子在学习过程中经常会出现一些错误，甚至是一错再错。对于他们的错误，老师、家长讲解得很详细，效果不一定好，这其实是因为他们并没有将知识内化，还没有真正理解知识的本质。这时，老师、家长应及时要求孩子对出现的错误进行反思，分析错误产生的原因，发现错误的实质，要求他们建立自己的"错误档案"，查漏补缺，改善认知结构中不完善的地方，寻找克服错误的有效途径。孩子订正作业和试卷是反思错误的一个大好机会。每次测试后，让孩子在试卷上写下考试心得，意在让他们自己去分析错在哪里，为什么会犯错，是什么类型的错误，是不是经常犯这样的错误。

由于孩子的思维活动具有内隐性和自动化的特点，大多数孩子在思考复杂问题时很少意识到自己的思维过程，缺乏反思意识和反思能力，直至老师、家长分析其错误后，才有反思的意识。只有培养起孩子的反思性学习习惯，才能使他们能够独立地认识自己思维过程的正确与否，不仅知其然而且知其所以然。

中国自古就有"扪心自问""吾日三省吾身""静坐常思己过"等至理名言，意谓人要勤于反思。学习中的反思如同生物体消化食物和吸收养分一样，别人无法代替完成。孩子只有通过不断反思，才能优化知识结构，提高自主学习能力。

第二部分

调适心理状态，健康阳光成长

第九讲　我相信我可以

——增强学习信心

在学习过程中，自信的力量是很重要的。始终相信自己可以，给自己积极的自我暗示，奇迹就真的会发生。

一、案例呈现与分析

美美是个害怕数学的女孩子。每次临到数学考试，她就会紧张焦虑，害怕自己又不能考好。每每害怕，每每就真的"噩梦成真"——考得不太理想。有时，美美就会想："看，我就是数学不好，我也是没有办法。"有时，她会觉得很郁闷："为什么我努力了那么久，就是考不好呢？"有时，看着试卷，她就觉得："我这里是计算错误，不应该扣分的；我那里是看错了，不应该扣分的。如果都没有扣，我的成绩要好很多呢。"偶尔，数学考到了理想成绩，美美又会想："嗯，这大概就是巧合吧，卷子简单，不然，我怎么可能考得好呢？"或者就会想："我这次考好了，下次又该不好了，我怎么可能一直考得好呢？"美美该怎么做呢？

我们通过这个案例发现，美美是个"内心戏"很丰富的女生。这些"内心戏"都有同一个指向，那就是"我应该学不好数学"，这是非常典型的没有信心的表现。美美对数学没有信心，原因主要有以下三点：

第一,数学能力较薄弱。

美美遇到数学考试时,常常觉得紧张焦虑,这说明美美的数学能力确实不够。平时没有厚实的积累,到了考试无法"薄发",自然就会产生过分的焦虑感。

第二,美美陷入数学弱的恶性循环,没有成就感。

美美每次数学考试成绩都不是太理想,导致她见"数学"色变。因为害怕数学,就在学习的过程中不由自主地产生了抗拒,因而不能自信投入地做题,所以数学成绩不佳,导致更加害怕,进入新一轮的恶性循环。在数学上,美美看不到自己成功的可能性。

第三,美美具有不合理的限制性信念,存在"习得性无助"的情况。

所谓限制性信念,就是妨碍成长、减少积极可能性的信念。由于长期在数学方面没有什么成功的体验,所以美美就开始觉得自己"不可能学好数学"。考得好都会被自己理解成是侥幸、卷子简单,不能看到自己努力所带来的成效,不能看到是自己理解了成绩才上升的,甚至还会对"考得好"这件事感到不安,因为她内心的自我设定就是"我考不好"。

基于这三点,美美的数学成绩不会有大的提升,并且她一直受困于对数学的焦虑,心态失衡。

二、策略与方法

针对美美的情况,我们可以做如下努力,来帮助她进行改善。

1. 修正限制性信念

修正限制性信念,就是将僵化的限制性信念转换成轻松可行的陈述。

比如,美美的信念是"我应该学不好数学",那么可以进行以下三步转化:

转化一:将"应该"换成"可以"

我应该学不好数学→我可以学不好数学

转化二:加个"有时"

我可以学不好数学→我可以有时学不好数学

转化三：将"有时"替换成一个具体情况

我可以有时学不好数学→当我能力较弱时,我可以学不好数学

每一次进行转化时,都询问自己:"这个改变让我感觉怎么样?"去觉察一下自己的感受。美美惊奇地发现自己一下子变得放松了许多,虽然数学弱的问题并不是直接解决了,但是自己给自己设定的框框好像没那么坚硬,有些松动了。松动后的信念不再像过去那样是僵化的,松动后的信念是有弹性的,给人一些心理空间的,美美的信心就会慢慢升起。

2. 正视自我,调整目标

虽然美美知道自己的数学能力弱,但其实她对自己的数学状态并不了解,她不知道自己可以考到什么程度,为什么能考好,也不知道自己考得差,究竟又是为什么。所以,对于美美而言,正确地定位自己的数学现状是很重要的。美美需要做的是,一切以数据说话,而不是主观臆想。美美可以和老师讨论一下自己的数学状态,看看自己哪些地方需要加把劲;可以将自己每次的数学成绩做一个具体分析,看看每次得分多少,失分多少,失分的原因是什么;找出自己可以争取得分的部分,之后的努力重点就放在这部分上。我们的目标并不是满分,而是将会做的题拿到手,这就已经很不错了。

所以,在正确定位自己后,美美可以给自己设定一个小目标。这个小目标应该是比美美现有基础略高,"跳一跳"可以够得着的目标。奔着小目标奋斗,可以让美美学习起来有动力;容易达到,就可以让美美感受到成功的喜悦,逐步形成良性循环,激发内驱力,信心就自然而然产生了。

3. 改变行为,实践体会

"重复旧的做法,只能得到旧的结果。"[①]所以,限制性信念被打破,新的合理目标被建立,那么行为模式也需要重建,以适应新信念和新目标。

---

① 李中莹.简快身心积极疗法[M].北京:世界图书出版社,2012.

美美过去的数学成绩不好，与她的数学学习习惯不佳、使用了错误的学习方法有关。美美常常上课听不懂就卡在那里，笔记也不好好记了；写作业时，喜欢边看书边写；遇到问题，总是"算了算了"，不会积极主动地去向老师同学询问，反而很期待老师来找她，盯着她一题题地演算。这些不良习惯和错误的学习方法让美美的数学基础变得很薄弱，如沙上筑楼，一推即倒。

当然，新的行为模式是需要美美自己来规划的。作为老师或者家长，可以提出"你觉得你可以做些什么来提高你的数学成绩"这个问题，请孩子自行思考。在孩子回答的过程中，请注意这个措施必须是足够具体的而不是模糊笼统的。比方说"我可以通过多做题来提高数学成绩"，这就是模糊的。做什么题，做多少题，做了后如何检测效果，都需要考虑在内。越是能够具体地规划，孩子就越会知道这件事的可行性如何，可操作性如何，是否可以运用到实践中去。

4. 坚持前行，观察调整

调整信念本身是容易的，但是调整后的信念要影响到行为，还需要一段时间；行为改善了，看到成效，也是需要时间的。若是不能坚持，就会前功尽弃。

所以，在实行过程中，"韧劲"非常重要。即使暂时没有看到成效，但只要方向没错，就应该坚持前行。在前行过程中，还要适时观察一下自己的状态如何，如果有偏航，或是发现计划在实践过程中有不合理的地方，就需要及时地调整。

5. 积极暗示，相信自己

每天都可以给自己加油鼓劲，可以说"相信你今天会有新的收获""我正在进步，加油""我相信我可以"等。对自己的积极鼓励会有助于树立信心，进入良性循环。

三、实践与反思

经过了一段时间，美美的数学成绩有了明显进步，她也不再像之前那样遇事就紧张焦虑，而是开始理性客观地分析自己的得失了。

作为教师或家长，我们对于孩子的转变要报以宽容的态度。在转变过程中，情况也许会有所反复，此时，只要没有完全偏离正向轨道，就应当允许孩子有一些错误发生。千万不要因为自己的着急而对孩子说类似"你看，你就是这样的""你又回到老样子了"这样的话，否则会让本就无甚自信的孩子怀疑自己。我们的包容会给孩子莫大的力量。

第十讲　从"要我学"到"我要学"

——激发学习动力

我们都希望孩子在学习上积极主动,保持"我要学"的积极状态,但若是孩子就是"要我学"类型的,又该怎么办呢?

一、案例呈现与分析

小凌就是这样一个孩子。若是家长不盯住,那他每天的作业就都是做一半,留一半。每天,小凌妈妈都像和孩子打游击战一样斗智斗勇,稍不留神,孩子的作业就会出现问题。小凌妈妈说:"我的孩子很聪明,但就是不想好好学习。如果他好好学习,一定很优秀。"

像小凌这样的孩子不在少数,那为什么孩子对于学习经常如此不情愿呢?在与小凌这样的孩子的交流过程中,我们发现,现今的孩子在学习方面常常有三个困惑,这些困惑阻碍了孩子形成"我要学"模式。

第一,为谁学习?

我们都清楚,学习是自己的事,是为了自己而学习,但是如果你去问问身边的孩子,你会发现得到的答案常常是"为父母学习""为老师学习""为教育局学习"等,我们所期待的"为自己学习"并不多。学习究竟有什么意义?为谁而学习?孩子其实并不清楚。有的孩子从来没有思考过这个问题。

第二,学习很苦,怎么办?

有一些孩子其实是想要学习的,他们明白学习的意义,可是一旦碰到了实际的学习困难就会退缩,因为真不知道该怎么办;碰到了长时间高强度的训练也会退缩,因为实在不知道怎么熬过去。

第三,该怎么学习?

孩子进入高中后,如果依旧使用之前的学习方法,就会发现这种方法变得无效了。有些孩子会发现上课都听得懂,可是一做题就傻眼了。自己想努力,却没有方向。

上述三个困惑就体现出了形成“我要学”模式的三大要素:学习需要主观能动性,学习需要意志力,学习需要科学的方法。在这里,我们先主要讨论学习需要主观能动性和意志力的问题。学习需要科学方法的问题,可以参见本书的第三部分。

如果我们能够针对孩子的困惑,做出具有针对性的指导,那么孩子就会从“要我学”模式转向“我要学”模式。

二、策略与方法

1. 学习需要主观能动性

学习需要主观能动性,其实就是要为自己而学。如果一个孩子想要学习是因为内在的因素,那么他就会刻苦努力,克服困难。如何激发孩子的主观能动性,其实是需要多重努力的。

我们可以利用孩子本身固有的能动性,即利用孩子的需求和性格特点。比方说孩子对某方面感兴趣,想要深入研究,那么就引导他通过学习争取考入相关的专业,为今后从事此方面的职业打下基础。我们可以和孩子一起去了解这个行业所对口的专业,这些专业分布在哪些院校,这些院校的考分如何,等等。这个了解的过程越详细,孩子就会越明确自己的努力方向以及自己现今的学习基础与达成目标之间的距离,而不是眼高手低。这样做,就是让孩子自己明确目标。

我们也可以激励孩子,让孩子心向往之。比如给孩子看一些贴合生活实际的励志片,让孩子感受到努力就有成功的希望,让孩子生出"我也可以"的念想。同时,也让孩子有一些"同伴教育"的体验。这样说,并不是让孩子去和"别人家的孩子"相比,而是可以让有过类似经历的哥哥姐姐来和孩子分享一下经验和努力方法,因为孩子和孩子之间的交流一般是没有代沟的,对话是平等的,因而更容易敞开心扉。

在激发孩子的主观能动性的过程中,我们需要特别注意的是,谨慎使用说教的方法。我们说教的道理,孩子都懂,他们需要的是具体方法的指导,需要的是"爸爸妈妈和我在一起""老师是关心我的"这样的感受,需要的是个人成长体验。

2. 学习需要意志力

学习是需要意志力的。学习的过程不可能是一帆风顺的,总会碰到困难,这时候坚持就变得很重要。然而许多孩子都不能做到这一点,这在很大程度上是因为他"习得性无助"。习得性无助是指通过学习形成的一种对现实无望和无可奈何的行为、心理状态。

美国心理学家马丁·赛利格曼在 1967 年用狗做了一项经典实验。他先把狗关进一个笼子里,然后打开蜂音器。只要蜂音器一响,就给狗施以电击。狗因为在笼子中难以逃脱,只能承受这种痛苦。狗会出现呻吟和颤抖的反应。多次实验后,赛利格曼先打开蜂音器,而后打开笼门,再给狗施以电击。但是此时的狗非但不逃,而且在电击之前就会开始呻吟和颤抖。本来可以主动逃脱,却因为多次的痛苦体验而绝望地等待痛苦的再次来临。这就是习得性无助。[①]

学习上的"习得性无助",就是指孩子的学习效能感(学习获得成功的自我把

---

① 刘儒德.学习心理学[M].北京:高等教育出版社,2010.

握度)很低。比方说,数学考试满分为 100 分,而孩子现在的考分在 40 分左右,那么孩子的自我效能感就会很低,因为离"成功"(100 分满分)差得太远了。长期处于这样的水平,孩子的自信心就会受到打击,遇到困难就觉得自己是不行的,觉得自己很无助,最终可能完全放弃努力。而若是孩子常常可以得到 80 分、90 分的成绩,那么,他就很容易相信自己是可以的,学习的效能感很高,自己就很愿意去主动学习来保持自己的优秀,从中获得收获的愉悦感。

那么对于学习效能感比较弱的孩子,该怎么做呢?

我们可以选择化整为零,循序渐进,逐步击破。把一个相对复杂的学习任务一股脑地"扔"给孩子,孩子会觉得做不了。但是,如果我们分析现状,分解目标,切割任务,就会变得不一样。

我们需要和孩子一起正视自我,分析目前自身情况,包括看清目前的学习基础,找到目前最大的学习困难等。

基于此,和孩子一起设定一些具体的小目标,切割一下复杂的任务,把它分成一块块可以落实的具体任务,这样,孩子就会觉得容易做到,就容易获得成功。这些小小的成功体验,会让孩子进入良性循环。同时,因为是和孩子一起设定的,实施计划也是孩子自己主观上想要去尝试的,所以他们就会积极主动。

在每一步的实践中,我们需要看到孩子的改变,认可孩子的努力,正面地去鼓励孩子。注意,鼓励可不是简单地说"你真聪明"式的表扬。像文首小凌妈妈说的"我的孩子很聪明,但就是不想好好学习。如果他好好学习,一定很优秀"并不能解决问题,相反,小凌会觉得聪明是自己的资本,若是努力了,就显得自己不聪明了。(鼓励的方法,详见本书第十五讲)

当然,对于这个计划,我们应设定一个"试运行"周期,看看目标达成的情况,看看孩子的适应情况,看看是不是需要进行一些相应的调整。一切依着孩子的能力,逐步发展,久而久之,孩子学习的效能感就会增强,学习的意志力问题就迎刃而解了。

像小凌妈妈,就可以和小凌一起探讨现今学习的基础、存在的问题、面临的困难,让小凌自己意识到学习的重要性。当小凌解决了自身的学习困惑,他就会激发自身的学习动力,完成从"要我学"到"我要学"的转变。

第十一讲　你好，焦虑！

——调节学习情绪

在学习过程中，碰到一些小挫折，产生一些负面的情绪，那是再正常不过的事了。焦虑就是其中最常见的。如何应对焦虑，调节好学习情绪，也是我们需要认真思考的问题。

一、案例呈现与分析

小慧是个很容易焦虑的孩子。每次上数学课能听得懂，可是一到做题，只要做不出，她就会觉得很焦虑，害怕被老师批评自己没好好听课，或者害怕同学们觉得自己很弱，要么担心考试会有问题，总是让自己处于慌乱之中。而第二天搞懂了题目后，又觉得什么事都没有了。

其实，焦虑只是一种"存在即合理"的情绪。

根据皮连生在《教育心理学》一书中的定义，"焦虑是指某种实际的类似担忧的反应，或者指对当前或预计对自尊心有潜在威胁的任何情境具有一种担忧的反应倾向。"[①]在这里，我们讨论的是正常焦虑，即"客观情境对个体自尊心可能构成威胁而

---

① 皮连生.教育心理学[M].上海：上海教育出版社，2011.

引起的正常的焦虑"。通俗地讲,就是碰到一件大事或者一个困难,觉得自己没把握完成好,就会焦虑。比如,孩子在考前因为觉得自己能力不够把握不大而产生的焦虑。像小慧这种,碰到数学难题,自己做不出就胡思乱想地担心,就属于正常焦虑。

焦虑情绪真的没有价值吗? 情绪是没有好坏之分的,每一种情绪都有其存在的意义。焦虑只是一种"存在即合理"的情绪。焦虑说明你所面临的这件事很重要,需要更多的关注,可是你本身所拥有的能力和资源还不足。当你没有足够的能力并顺势应变地去应对这件重要的事,这件突如其来的打破常规操作模式的事让人觉得棘手,而你又期待能够做好这件事时,你就会感到焦虑。这就说明我们需要在提升自我能力、获取更多资源方面做出努力。焦虑这种情绪常常和本人对自己的定位模糊以及能力不足有关,我们会发现眼高手低的人常常显得很焦虑。

二、策略与方法

对付焦虑情绪,我们需要化焦虑为动力,调节学习情绪。

焦虑是我们在学习生活中常常会体会到的一种负面情绪。但就算是负面情绪也有其积极意义。正确面对焦虑情绪,拥抱负面情绪,就可以化焦虑为动力,帮助孩子摆正心态,激发自身潜能,高效学习。这些方法,可以由老师或家长带着孩子进行,也可以在教给孩子后,让他们自己使用。

1. 接受焦虑,拥抱焦虑

当发现自己存在负面情绪的时候,有些人的反应是希望这个情绪赶紧离开。然而越抵抗,你会发现情绪指数就越升级。一个小的焦虑会因为抵抗而引发一个大的焦虑。有句话说:"抵抗会使痛苦加倍。"情绪是需要被看见的,情绪更是需要被接纳的。在一个情绪被看见被接纳之前,它是不会消失的。若是选择强行压下,那么它就会被压抑到身体里,影响身体健康。这一点,我们可以做一个小实验。

你可以在纸上写下一些表达恐惧的词,然后放上一段恐怖的音乐,请别人伴着音乐为你念这些词。此时,你需要闭上眼睛,去感受听到这些词时你身体的反应。

有些人会觉得胃部隐隐作痛,有些人会觉得心跳加速,有些人会不由自主地握紧拳头,等等。每个人的反应都会不太一样,但身体出现了反应,就说明情绪是会藏在身体的某个部分的。如果我们一直拒绝接受它,那么久而久之就会影响身体健康了,比如哮喘、皮肤病、偏头痛等,某种程度上就是由焦虑引起的。

所以,化解焦虑的最好做法,就是承认你此刻正在焦虑。

我们可以看看自己在焦虑的时候,身体哪个部位有一些反应,可以轻轻地把手放在上面,对自己默默地说一句"我感到有些焦虑""我看到你了,焦虑""你好,焦虑"。仔细观察,当你说出这句话的时候,你的焦虑就会减轻。

2. 分离不合理信念,重塑合理信念

美国心理学家埃利斯创设的情绪 ABC 理论可以很有效地应用到处理负面情绪的问题上去。

在这里 A(actinating event)是指激发事件,B(belief)是指针对这个事件而产生的一些信念,C(consequence)表示由此产生的情绪和行为。我们通常会觉得是由 A(事件)引发了 C(情绪),但实际上,C(情绪)是由 B(信念)导致的。

举个例子,小慧做不出数学题是 A(事件),小慧的焦虑是 C(情绪)。表面上看起来,小慧是因为做不出数学题,所以感到焦虑。但实际上,小慧做不出数学题,她认为老师第二天一定会批评她,她认为同学们一定觉得她很弱,她认为自己的考试一定会存在问题,是这三个她的"认为",也就是 B(信念)导致她的焦虑的。这个导致焦虑的信念是不合理信念。

所以,如果想要彻底地帮助小慧,就必须帮助她分离不合理信念,看到事情的本真。我们可以按照如下步骤,慢慢抽离。

第一,询问发生了什么。(A 是什么)

我发生了不会做数学题的情况。

第二,这件事让你想到了什么?(B 是什么)

我想到了我做不出来明天会被老师批评,我做不出来会被同学们看不起,我做不出来我的考试就会不合格。

第三,目前你的情绪感受是怎样的? 你身上有什么反应?(C 是什么)

我目前觉得很烦躁,有点焦虑。我头有些痛,手心有些出汗。

第四,你觉得最能引起你这个情绪的想法是哪一个?(查找最不合理的一个信念 B)

我觉得是我接下来考试会不合格。

第五,是什么原因让你觉得自己做不出来数学作业,接下来考试就一定不能过关? 请举出事实依据来说明。(找寻支持 B 的依据)

有一次,我就是作业没有做出来,第二天考试出现了一样的题,我也不会,就不及格了。

第六,是什么原因让你觉得你做不出来数学作业,接下来的考试也未必不能过关? 请举出事实依据来说明。(找寻反对 B 的依据)

有一次,我作业是没有做出来,但是考试时,我静下心来,慢慢做,想起老师讲的类似范例,我就做出来了。

第七,现在你对你做不出数学题,有什么新的想法吗?(确立合理的 B)

我觉得我可以仔细回想老师所讲,慢慢比对,说不定可以做出来。

通过这几个步骤,孩子就会看到自己焦虑的真正原因是什么,不会因为一个小焦虑引发一个大焦虑,从而焦虑升级不可自拔了。

三、实践与反思

上述方法,可以帮助孩子在出现焦虑情绪后,降低情绪指数,找到努力方向。在使用的过程中,请一定注意保持自我情绪的稳定,可别被孩子的焦虑"牵"跑了。

对孩子而言,在平时的学习过程中也应当要踏实。当发现了自己的焦虑并进行了积极处理后,下一步就要积极行动,提升自己的能力。当你的能力提升了,你手中百宝箱里的工具多了,你就会更自信、更从容地面对学习了。

第十二讲 是的，我有点累

——缓解学习疲劳

现今学生学业压力普遍较大，学习时间普遍较长。长时间的连续学习，就会产生学习疲劳。学习疲劳是指学生在经过长时间的学习活动后引起的相应躯体症状与学习能力下降，以及不良情绪反应的现象。[①]

学习疲劳分为生理疲劳（身体上的疲劳）和心理疲劳（大脑疲劳）。它的产生因人而异，产生的原因也不同，它的出现和一个人的学习动机、学习态度、学习效果、学习时长、学习兴趣等都有关系。

产生学习疲劳是很正常的，并不可怕。适度的学习疲劳也有很多积极意义，比如提示我们该休息了，需要做一些调整了。

一、案例呈现与分析

小萍最近总是觉得很矛盾。想要好好学习，可是总是提不起劲来。早上想好晚上学到12点再睡吧，到了晚上10点觉得实在太累了，于是就给自己设定个第二天4点起床的闹钟。结果，第二天到了4点又觉得需要再睡会儿。就这样，既没有

---

① 张志园.中学生学习疲劳的问卷编制与干预研究[D].临汾：山西师范大学，2013.

晚睡学习,也没有早起学习,可是这样一折腾,到学校后又疲惫不堪。天天给自己定下各种计划却不能实现,心里越来越烦乱。

小萍的问题看起来是拖延症,今天的学习拖到明天,但实际上就是一种学习疲劳,而且属于心理疲劳加生理疲劳。一般而言,单纯的生理疲劳花一些时间休息即可,而心理疲劳除了需要物理时间上的休息来帮助放松身体和心情之外,还需要一些额外的心理调适。

二、策略与方法

缓解学习疲劳,可以从物理放松和心理调适两个角度入手:

(一) 物理放松方法

物理放松方法针对生理疲劳是十分有效的,可以帮助迅速恢复体力。当然,物理放松方法同样适用于缓解心理疲劳。

1. 热水浴

当在家学习觉得有些昏昏欲睡的时候,不妨去洗个热水澡放松一下。洗个热水澡,可以让紧绷的身体得到放松,促进血液的循环,从而消除疲劳。

2. 腹式深呼吸放松法

腹式深呼吸可以帮助我们吸入更多新鲜空气,增大肺活量,刺激大脑活力,感觉就好像是电脑系统重启一样。

吸气的时候,可以默数1234,并最大限度地鼓出肚子,之后屏息,默数1234,然后吐气的时候同样可以默数1234,并最大限度地吸进肚子。反复进行,感受腹部的一起一落。

常常经过这样几轮呼吸后,人会感到身上暖暖的,微微出汗,清醒不少。

3. 觉知冥想法(渐进式放松)

选择一个舒服的姿势,可以选择从脚到头,先把注意力放在大脚趾上,轻轻地对脚趾说"放松",感受放松。你会觉得自己的脚趾微动了一下,那就是放松。然后呼吸,感觉好像是自己的脚趾在呼吸。接着就可以选择把注意力放在二脚趾、三脚趾等,重复以上步骤。一般而言,这样的练习会让你很快就睡着,有的人做完一只脚的练习就睡着了,有的人可能需要做完一套,但这个方法可以让你得到充分的休息,并且效果惊人。你只需要短暂的时间,就会发现自己重新又精力无限了。

听一些冥想放松的音乐,也可以舒缓自己的疲劳感,让自己的情绪得到放松。

虽然小萍是心理疲劳,但是以上这些方法她仍然可以使用,帮助自己好好地睡个觉,休息一下,消除生理疲劳,放松肌肉。这对缓解心理疲劳是绝对有效的。

(二) 心理调适

心理调适主要是帮助学生缓解心理疲劳。心理疲劳就是心房小感冒,也是需要呵护和调节的。

首先,最重要的是,需要承认此刻自己是累的。

"是的,我有点累。"这是对当下自我状态的一个认同。承认自己的疲劳,就等于让自己的负面情绪被看见,让自己的低落状态得到回应。我们常常害怕承认累,是因为觉得累会带来不良状态,不良状态又会带来一系列的连锁反应,于是不敢累,当遇见疲劳的时候会想要不承认,希望激励自己来掩盖自己的疲劳。就像小萍,明明已经觉察到自己累了,但是为了能让自己打起精神来,选择了计划学习到 12 点,可是,疲劳让她无法做到这一点,她又激励自己 4 点起来学习,结果又没能做到。小萍的做法就是不承认自己是疲劳的,她想的更多的是,若是今天自己睡下了会有什么后果,这样的想法让她的疲劳呈现恶性循环状态。

其次,评估现实与理想的差距。

小萍需要观察自己的实际学习状态和理想学习状态的差距。显然,小萍理想中的学习状态,目前自己是很难达到的。她需要思考自己实际可以达到的状态。当一个人的"理想我"和"现实我"差得太多时,就会感到心累。这种心累往往夹杂着焦虑、紧张以及恐惧的情绪,这三种情绪都是越担心越害怕,程度越深,很容易让人陷入难以自拔的状态。所以，当小萍真正了解了自己的真实学习状态以及可以承受的压力值时，就会对自己是否能够达到理想状态有个清醒的认识，就会放松不少。

第三，可以制定循序渐进的学习计划，提升学习信心。

小萍对于自己实际的状态不了解，理想的状态又达不到，使得她的学习计划变得很随性。做不到，自然会觉得累。在了解自己的基础上，制订合适的学习计划，让自己每一步都能跳一跳就够得到，让自己能体会到成功的喜悦，逐步积累信心。等到了一定时候，小萍的学习状态就会进入良性循环，此时，她就不会觉得疲累不堪了。

第四，让自己一次只聚焦一到两个点，提升专注力。

我们常常觉得累，也是因为需要同时处理很多事，而且把控不好时间。既然同时开展不能做好任何一件事，不如排个优先级，让自己看看最需要改善的地方在哪里，选择一到两个点努力改善。

三、实践与反思

学习疲劳是可以通过一定的方法缓解的，一把好弓经不起持续的满弓状态，人也是如此。所以，学习疲劳时我们可以停下飞奔的脚步，暂时的休息是为了更好地前行，想要跳得高，必须先曲膝。

需要注意的一点就是，当觉察到自己有些疲劳时，就请及时处理。不要等到积累到一定程度才开始处理，那效果必不会太好。

"是的，我有点累。"承认自己的疲劳，就会慢慢好起来的。加油！

第十三讲　放松！加油！我可以！

——调整应试状态

　　临考前,特别是大型考试之前,孩子多少都会有些考前焦虑。作为老师和家长的我们,可以通过一些方法来帮助临考孩子和自己调整心态,缓解考前的紧张焦虑情绪,放松心情,以最佳状态考出理想成绩。

一、案例呈现与分析

　　小华马上就要高考了,小华妈妈十分担忧,因为小华的成绩并不是太好,但看着也没有很努力。小华妈妈想要说他几句,又怕惹得孩子考前叛逆,因此纠结不已。

　　而小华自己觉得很紧张,每天不知道要复习什么才好,复习了数学,想着语文也不好,总是心不在焉。他想玩会儿游戏放松一下,一打开界面就想到自己马上要高考了成绩却很不理想,焦虑得不知所措。

　　显然,小华是考前焦虑了。

(一) 临考生的五种常见状态

一般而言,临考生会有以下五种状态:

1. "沉默是金"型

这段时间话特别少,对人有些爱理不理的,感觉胆子也特别小。若是家长多说几句就眼泪汪汪,好像万分委屈。有时也会偷偷哭泣,或是很容易受到惊吓。

2. "怒发冲冠"型

这段时间脾气特别火爆,对谁讲话都没有好语气,跟谁讲话都嫌烦。觉得大家都不懂他,都不理解他,心情烦躁,就像爆竹,一点就燃。

3. "醉生梦死"型

这段时间就知道玩耍,手机、电脑、iPad 轮流转,微信、微博刷不停,网络游戏止不住,颇有"小考小玩,大考大玩"之势。

4. "废寝忘食"型

这段时间学习特别努力,抓紧一切时间在复习。平时 10 点或 11 点睡觉的,最近都要学习到一两点。吃饭、上洗手间等各种可以"一心两用"的时候,都要捧着书来看,就连洗澡时都要放着英语听力。努力固然令人欣慰,但也会让家长担心孩子体力是否承受得住。

5. "高原反应"型

有的孩子之前的考试状态都非常好,到了临近考试时,突然发现自己以前会做的居然就不会了,非常害怕,出现了"高原反应"。

其实,几乎每一个孩子,不论其之前学习是否努力,也不论是上述五种情况中的哪一种或者哪几种,在考试临近时都会想要考好,不会是真正的自暴自弃。面对高考这一大型考试,孩子都会紧张,也会有些焦虑。这是很正常的。适度的焦虑和紧张会让孩子思想更集中,发挥得更好。而一旦过度,就会导致考试心态失衡,进而影响考试成绩。其实,在临考前,了解一下考试成功的秘诀还是可以很大程度上帮助孩子顺利过关的。

(二)考试成功的秘诀——考试心态

根据中科院王极盛教授的研究,影响考试成绩的因素中,占第一位的是考生考试中的心理状态,占第二位的是考生考前一段时间的心理状态,占第三位的是学习习惯,占第四位的是学习基础。考试中的心理状态＞考前的心理状态＞学习习惯＞学习基础。很多人都会以为是学习基础最重要,其实是考试中的心理状态。考试中心理状态一旦失衡,考试成绩就不会很理想。

有的孩子在考前一直会胡思乱想,有几道题目做不出就会特别紧张,还很迷信押题。在考前,没有一天心是静下来的。在考试中若出现了一道怎么都不会做的题,马上就想到如果这一题做不出来,我某某学校就考不上了。越想就越着急,越着急就越不会做,以至于后面很简单的题也答得乱七八糟。最后,成绩怎么会理想呢?因为孩子的心态已经失衡了。所以,我们要特别注意调节考试的心态,尤其是临考前以及考试中的心态。

二、调整考试心态的具体方法

(一) 考前篇

1. 调节生物钟,合理安排作息

在复习迎考阶段,经常会出现熬夜情况。在考前,可以逐渐恢复正常的作息时间,晚上 10 点至 11 点就可以入睡,保证 7 到 8 个小时的睡眠。在考前,可以有适当的娱乐放松活动,但不能过度,保持精力很重要。

有时,可能会出现躺在床上睡不着的情况,请别担心,躺着,身体就已经开始休息,不会误事的。

2. 调节考试兴奋点,应时安排复习

可以按照考试时间来安排复习时间,比如语文考试时间为上午 9 点至 11 点,那么在家复习时,就在上午 9 点到 11 点复习语文。可以一半时间用来复习,一半时间用来完成一部分模拟卷。完成模拟卷是为了让自己熟悉一下考试的感觉,而不是为了检验自己是否学习到位,所以不必太过纠结是否要对答案,对了答案对自己有打击,不对答案又让自己不放心。对不对都无所谓,做卷子只是为了激发更好的状态。

3. 学会放松技巧，调出最佳心态

考前多少会紧张，适当的紧张说明你全身心都在兴奋，是可以帮助精神集中的，是个好兆头。当觉得自己特别紧张时，有一些小技巧可以帮助你镇定自己。

（1）想象法

闭上眼睛，回忆一个自己考试成功的经历，想象自己就在那个环境，问问自己看到了什么，听到了什么，闻到了什么，越详细越好，记住那个感受，提升自己的信心。

（2）散步

餐后或是复习了一段时间后，可以去散一会儿步，时间在 15 分钟左右即可。可以由家人陪同，边散步边聊天。也可以独自散步，让耳机里的声音陪伴你。呼吸一下新鲜空气，换一个场景，会让自己得到放松。

（3）倾诉法

当你觉得很紧张，心烦意乱时，可以找班主任、学校心理老师或者家长等让你信服的长者聊天，最好不要向同学倾诉，以免负面情绪传染。

这个方法也很适合家长，向别人倾诉一下，缓解自己的紧张焦虑，否则，你的负面情绪会传染给孩子。

（二）考时篇

1. 积极暗示，充分相信自我

考试时，可以给自己一些积极的心理暗示，帮助自己发挥出最好的状态。

（1）给自己打气：我能行，我可以，加油！加油！

（2）我只是来做一张卷子，我负责做卷子，分数跟我没关系，那是老师的事。

（3）这只是一场考试而已，没必要如此紧张。

（4）我难别人也难，这时候就看谁能坚持。前面有难题，是出卷老师对我心理状态的考验，没事，前面不会后面补。

（5）我现在有点小紧张，过一会儿就没事了，紧张说明我正在进入状态，加油！

考试时,有时会一下子很紧张,所以,在考试的过程中及时镇定自我,也有利于发挥出最好的状态,及时止损。

2. 鸣天鼓法

当你觉得自己有些紧张的时候,可以双手捂住耳朵,用双手食指轻敲后脑部位 10 下,一会儿你就会觉得自己的心安静了,镇定效果一级棒。

3. 呼吸放松法

当你觉得自己特别紧张的时候,也许此时手也会发抖,人也有些不知所措,没关系,可以深呼吸,吸气吸到饱,屏住呼吸,然后一下子吐出,吐的时候跟自己说"放松",1 到 3 次即可。一般在完成后,都会觉得身心放松。放松后,就可以带着好情绪继续答题啦。

4. 漂浮抽离法

当紧张、焦虑情绪上升时,想象自己在空中往下看现场,看到自己和现场所有人,就像从直升机上看现场,正在拍摄录像,自己出现在镜头中。

注意点:

(1)只要在这个景象里看到自己的形象,紧张情绪就会快速下降。

(2)看到自己的形象,无需容貌清楚,只需要一个人形,知道是自己即可。

(3)这个方法可以事先练习几次,等到使用的时候就会得心应手。

(4)如果想要更快更有效果,可以想象直升机上升,并且调暗光线,这样,看到的景象会变小变暗。

5. 隐喻形象法

当出现紧张、焦虑的情绪时,可以问自己:"我现在的状态如果用一个动物、植物或者自然现象来形容的话,会是什么?"然后稍稍等待,脑海中就会浮现出这样的形象,然后可以从大小、颜色、质地等方面去形容。当你形容完毕,会发现自己的情绪变平稳了。

以上这些方法,也都适用于考前。

（三）考后篇

1. 考后的原则是"绝情"

放掉对这门功课的"留恋不舍"，就当它已经离开。请不要和同学对答案，也不要找老师问题目，因为无论对错都会承受压力。此外，也建议考生迅速理包，迅速单独走人，虽然每年这样讲，却仍然每年都有考生在对答案，对答案往往是因为聚在一起交流，你不想交流，却防不住耳边传来阵阵答案声，扰乱心神。

2. 情况没有你想象的那么糟糕，感觉不等于事实

如果真的感觉考得不好，第一，可以使用考前、考时的放松技巧，帮助镇定情绪；第二，可以和家长、老师拥抱，获得一些安慰；第三，从老师的角度，我想告诉你，情况不会如你想得那么糟糕，阅卷有严格的给分点，给分点的设置是很细致的，原则上能给分尽量给分，所以，你会发现大型考试的分数总是比平时好看，就是这个道理。

三、做好充分的考前准备

1. 熟悉考点

考前，可以事先前往考场，熟悉一下行进路线。对交通方式和需要时间进行精确的估算，估算时间需要有一定的提前量。

2. 与老师保持联系

考试前，出现任何问题，都可以和送考、陪考老师联系。

考试时，出现任何问题，都可以积极向监考老师寻求帮助。

3. 准备考试包

可以准备一个透明的文件袋，装入准考证、学生证等考试需要的证件，准备好充足的文具，如笔要备足，常规作图工具要带好。透明袋看得清楚，容易发现缺漏的东西。

另外，手表一定得带好。现在很多同学平时喜欢用手机看时间，考场是不允许携带手机的。水杯可以携带,但请注意带有盖子的水杯,以免碰翻。

四、家长特别指导

(一) 如常安排作息

家长不妨如常工作、生活,这样孩子会感到安心,没有"爸爸妈妈为了我什么什么也不干了"的负担感。当年,我参加高考前,我的父亲还一直玩电脑游戏。其实他非常在意我的状态,但是为了能让我不感到压力而是觉得高考也是一件平常事,他就依然打着电脑游戏,偶尔还会跟我讨论一下。这样说,当然不是让家长们都去打游戏,而是说平日里你有什么娱乐也可以适量进行,以不影响孩子休息为准则。

(二) 注意讲话技巧

考前,作为家长有些话确实要谨慎说。

1. 伪励志型

(1) 学了 12 年,胜负在此一举啦,你可要好好把握!

(2) 高考是分水岭,是给人分档次的。你考得差,以后大学也不会好,那以后就会混得差。

(3) 你什么都不用管,只要考试就行了,其他的交给爸爸妈妈。

(4) 再坚持下,马上就解放了。

(5) 考得好不好都不要紧的,我们都能接受。

2. 限制娱乐型

(1) 还有几天就要高考,你还看电视/还玩 QQ/还玩微信?

(2) 这么早就睡了,再多看些,以后也就不看了,再努力下。

3. 强迫进补型

(1) 这个核桃吃下去,吃下去补脑,不吃营养不好,考试要消耗脑力的。

(2) 这个营养品很好的,王阿姨的女儿吃得很好的,你一定要吃,还很贵呢。

以上这些话都充分暴露了家长的紧张、焦虑和担心。孩子在这一段时间里是相当敏感的,家长的紧张、焦虑和担心情绪都会传给孩子,这对孩子的心态调整是非常不利的。所以,家长还请多多克制自己,合理设置对孩子的期待值。如果觉察到了自己的焦虑和紧张,那么请你在这种情绪消失前不要说话,沉默可以缓和气氛,让自己慢慢冷静下来。跟孩子说话时,不妨放慢语速,将你的平和传递给孩子。在考试结束后,也不要急着问孩子考得怎么样,孩子愿意说就说,不愿意说就不说。像小华妈妈,就可以用这些方法来帮助自己先消除焦虑情绪,传递平和安心给孩子,成为孩子心理能量的后盾。

考试是孩子成长的必经之路,家长不可能代替孩子去成长。请相信孩子,虽然未成年,但是仍有权利去拥有一些空间。这样的空间,会让孩子发挥得更好。

加油!放松!真的可以!

第十四讲　我的大脑盖子打开了吗?

——调节自我情绪

在和孩子相处的过程中,家长或老师常常会出现一些情绪。有些家长会说:"我也不知道怎么的,一下子就很生气,就火了。"好像这样的情绪是瞬间点燃的,瞬间就无法控制,瞬间就会升级。当孩子也同样燃起怒火反抗,心中就更愤怒了,有时甚至还会打孩子。情绪失控不利于事情的解决,所以我们需要学会调节自我情绪,克制坏脾气,以言传身教的方式引导孩子。

一、案例呈现与分析

小和拿回一张数学卷子,上面满是"红叉叉"。

小和爸爸一看就怒了,马上说道:"你怎么这么差? 你看你学的都是什么? 怎么都是错的?"

小和一听,马上辩解道:"高中数学难度上升了呀。"

小和爸爸一听就更生气了,怒道:"你不反思自己的行为,却怪罪试题难度,你真是没救了。"

小和也怒道:"你行,你做啊,你不一定比我做得好呢。"

……

两人就此吵得不可开交,无法收拾。

在这里,我们会发现三点:

第一,小和爸爸有情绪,小和也有情绪。

第二,小和的情绪是由爸爸引发的。

第三,小和与爸爸两个人的情绪是不断升级的。

由此,我们可以看到情绪是会互相传染的,负面情绪如果不处理,就会不断升级。

丹尼尔·西格尔的"掌中大脑"模型可以很好地解释这一现象。[①]

丹尼尔·西格尔的拳头模型,把情绪失控问题的产生解释得生动形象。我们也可以用自己的手来模拟一下。假定你的手就是大脑,相应位置如图所示,手指部分模拟大脑皮层,手指盖住的部分模拟边缘脑(掌管情绪部分的大脑),掌心到手腕部分模拟脑干。你可以伸出你的左手,先如图紧握,你会看到掌管着情绪的边缘脑部分是被隐藏、看不到的。而当你打开左手,你就会看到全部的大脑,掌管情绪的边缘脑部分就被看见了。四个手指就好比你的大脑盖子,你的大脑盖子打开的时候,也就是情绪爆发的时候。情绪爆发得越厉害,冷静思考就越不可能,双

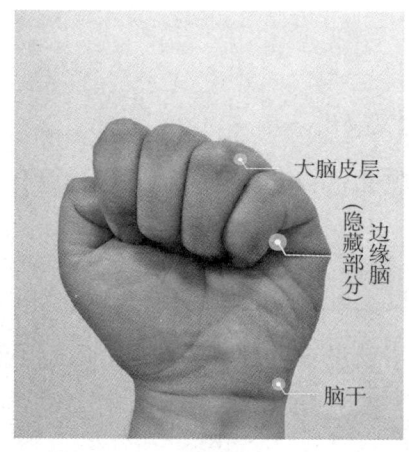
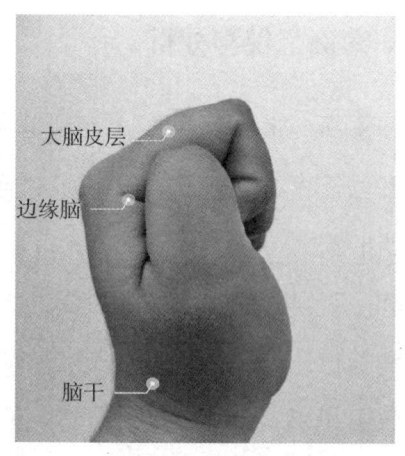

① [美]丹尼尔·西格尔,玛丽·哈策尔. 由内而外的教养[M]. 李昂,译. 北京:北京联合出版公司,2013.

方进入了"战斗"状态,就偏离了本来需要关注的问题了。

我们的大脑盖子不可能一直处于打开状态,都是开开合合的,若是打开的状态出现太多,也就是情绪常常失控的话,这对孩子的成长并不是什么好事。因为"镜像神经元"的作用,孩子会无意识地模仿家长或老师的行为。我们常常会说,这个孩子跟他爸爸真是一个模子里刻出来的,性格脾气一模一样。或者也会听到,谁带的班级,就会有点像谁。长期接触的人互相之间就会有影响。当你的大脑盖子打开了,就会带着孩子的大脑盖子打开,出现恶性循环。所以,从家长和老师的角度来说,也需要学会调节自我情绪。

二、策略与方法

如何快速有效地浇灭"怒火",其实是有不少方法的。觉察到自己情绪的产生和变化是很重要的。

1. 呼吸,做个情绪中断

当你觉察到自己的怒火正要"烧"出口、"烧"向孩子的时候,你可以深吸一口气,让吸入的气流像流水一般"冲刷"你的愤怒。吐气的时候,也请慢慢地轻轻跟自己说"放松"。你会发现自己并没有那么生气了。这个方法,就是帮助你从一个充满负面情绪的场域中抽离出来。

小和爸爸看到这张满是错误的试卷时,感到了愤怒,此时,他就可以采用呼吸法,让自己没那么愤怒。

2. 承认你正在生气

接着上一步,我们需要继续做的就是承认此刻正在经历的情绪。情绪,尤其是负面情绪,你如果看不到它,它就会以各种形式"闹"。也许就是"怒"从口出,也许就是自己气得胸闷。但是,情绪很容易满足,只要你看到它。当你正在生气时,就承认自己正在生气,在心里默默地说一句"是的,我正在生气"。你会发现你的情绪指数就下降了。

3. 假装自己没生气

这个方法看起来比较自欺欺人,但其实是很有效的。假装自己并没有生气,去感受那个没有生气的感觉,没过一会儿,就会真的不生气了,你的情绪指数就下降了。

以上三个方法,可以单独使用,也可以选择其中两项使用,也可以联合使用。尝试了这些方法后,想要"怒"从口出也很难呢。这三步完成后,基本就回归到了正常的情绪状态,可以开始慢慢处理问题了。

不过,这三招都是用来应急的,用来处理突如其来的情绪,迅速降火。在平日里,还是可以对自己做一个观察,看看自己都是在什么情况下被激起情绪,一周里大脑盖子打开了几次。

如果有心想要解决看到孩子做错就上火的问题,还需要做进一步的觉察。

4. 记录情境,找出规律,修正应对模式

小和的爸爸可以做个有心人,记录一下每次自己面对孩子发怒时,都是因为什么事情,自己和孩子都说了些什么话。由此找出规律,来帮助自己去改善。

小和爸爸接受了我的建议,他记录了自己与孩子经常发生矛盾的事。他发现,主要就是三件事:第一,看到孩子成绩不好,就想教育他好好学习,说着说着就发火了;第二,看到孩子一回家先玩游戏再做作业,最后搞到很晚,就会发火;第三,只要一看到孩子晚上玩手机,就会很火。

小和爸爸还发现,自己每次在批评儿子的时候,都会以"你怎么这么……"开头。这是非常典型的指责话语,任何人都不想上来就听到指责,这会燃起自己的"战斗"欲望。小和爸爸还观察到,每次小和都会对他说类似"你行,你来呀"这样的话,会让他觉得很没有面子,觉得儿子转移话题重心,在狡辩,他就会更生气。

这样的觉察多了,就会知道自己和孩子的"战斗"是如何升级的。当两个大脑盖子都打开后,事情就变得无法处理了。此时,小和爸爸就需要注意使用恰当的语言来表达,比如"考成这样,想必你也挺难受的";或者给一个坚定而又鼓励的眼神。毕竟是高中的孩子,指责对于孩子已经收效甚微,还会拉大和孩子的距离,何必相互为难呢?

三、实践与反思

小和爸爸经过一段时间的调适,自我情绪调整得很不错,大脑盖子打开的次数越来越少。与此同时,他发现小和的脾气也好转了不少。

在使用上述方法时,仍然会有两个问题,我们需要去关注:

第一,注意自己说话时候的表情和行为的一致性。有些家长或者老师,明白要克制,可是讲话时,面部表情很僵硬,或是一副怒容,那么孩子接收到的信息就是"你对我不满意",那么双方的大脑盖子又会打开了。所以,交流的时候,不妨想一个不生气的场景,让自己带着合适的表情和孩子说话。

第二,调节情绪必须从自身做起,自己的情绪调整好了,慢慢地就会发现孩子的改变,这个过程也许不会太快,但是家长或老师一定得做到坚持。冰冻三尺非一日之寒,改善问题也非一朝一夕就能完成,也是需要时间的,要懂得坚持。

第十五讲　表扬＝鼓励？

——有效运用鼓励

在成长过程中,也许你经常会听到"你真棒!""你真聪明!"这样的评价,请问听了之后会有怎样的感受呢? 会不会觉得并没有那么妙?

一、案例呈现与分析

有一次,在课上表扬一个同学的回答时,我说:"你回答得非常好。"结果下课之后,这位同学问我:"老师,你是真的觉得我讲得好吗? 还是只是想给我面子?"这个问题一下子就把我问住了。

为什么明明是在正面地引导孩子,可是孩子就这么不领情呢?

无独有偶,一位家长也对我说:"我经常表扬我的孩子,我会说他好,可是我心里真不想说他好呀,没一点值得我说好的,可又怕批评多了孩子会逆反,真是纠结。"

为什么明明是在表扬孩子,可自己就这么不舒服呢?

首先,是因为作为老师和家长的我们都没有走心,都只是形式上地想要说孩子好,可是没有具体考虑过孩子好在哪里。

没有走心的表扬,可能会让孩子一时很高兴,但久而久之,孩子就会发现你只是想说他一句好，并不是真的看到了他的好。你的表扬在孩子眼里就会成为一种敷衍。

其次，是因为作为老师和家长的我们不懂得真正有效的鼓励方式，只知道"孩子需要多鼓励"这样的理念指导，却不知道真正该如何来做。语言匮乏，来来去去就是"你回答得很好""你真聪明""你真棒"等。

美国心理学教授卡罗尔·德韦克曾经做过这样一个实验，给一些小学生做一项无语言的智商测试，而后分别以三种方式告诉他们测试结果。

实验组一（夸奖他们的智商）：哇，这是个很好的分数，你真聪明啊！

实验组二（夸奖他们的过程）：哇，这是个很好的分数，你之前一定很努力吧！

对照组：这是个很好的分数。

夸奖完了之后，给这三组孩子一个选择题：

现在有三个任务，你可以挑一个来做。

一个是非常困难的任务，你可能会犯错，但是能学到东西；一个是很新鲜的任务，你可能从来没接触过；而最后一个是你很擅长的任务，你必定能很好地完成。

结果，绝大多数被夸奖了智商的孩子都选择了最简单的任务，因为他们有把握可以做好，他们不敢挑战自己身上"聪明孩子"的标签。若是任务难度大而无法完成，就不会再获得"聪明孩子"的"称号"。而被夸奖其过程的孩子几乎都选择了看起来比较困难但能学到东西的任务。

这个"夸奖智商"，其实就是"表扬"。这个"夸奖过程"，其实就是"鼓励"。表扬＝鼓励？答案是否定的。在平时的生活中，我们常常使用的是表扬。

当你表扬孩子的时候，你说的那些"你真棒""你真聪明"是一个很模糊的概念。孩子很难知道自己究竟是哪里做得好，究竟是好到什么程度。他很难对自己进行定位。所以，如果他只有"一分"好，这样表扬之后就会变成"十分"好，就容易自我膨胀了。之后，他会更在意是否得到了他人的肯定，而不是自己做了什么。

下面的这张表格，会让我们更清晰地看到表扬和鼓励之间的差别：

	表　　扬	鼓　　励
定义	好人好事的宣扬	激励
指向	人："你真棒！"	行为："你做得好！"
评价	你真是个好孩子	谢谢你的帮助
态度	居高临下：我喜欢你的做法	平等尊重：我们怎样做会比较好
自我成就	剥夺他人自我成就感：我为你感到骄傲	承认对方的成就：这个"优"反映了你的勤奋刻苦
想法	外在的：别人会怎么想	内在的：我是怎么想的
收获	应该想什么	如何想
自我价值感	当得到他人肯定时，觉得自己有价值	肯定自我，无需他人认可
长期效果	依赖他人	相信自己

不难发现，表扬是将肯定权交给他人了，而鼓励是将肯定权放在自己手上。从小被表扬长大的孩子，会更关注自己的行为举止是否能得到他人的认可，很容易出现"讨好型"人格。若是得不到别人的一句"好"话，就会难过。从小被鼓励长大的孩子，会更关注自己，相信自己，懂得如何做得更好，是个自信满满的孩子。

二、"鼓励"的具体措施

所以，我们更需要的是鼓励。鼓励，就是激励。激励他人怎么可能用简单的一句"好"就能做到呢？

那么，我们该如何鼓励孩子呢？

1. 我们可以重点肯定行为，而不是重点肯定结果

比如可以说："最近你每天回家后都进行数学错题的整理，并且你会把一错再错的题目拿出来进行再练习，这个习惯真不错，所以，你这次数学成绩有了明显的上升。"我们的目的是希望孩子能够更多地去做正向积极的行为。同时，肯定行

为,会让孩子知道我这样做可以变得更好,能够帮助其看到自己的成长空间。

2. 我们可以多多描绘细节,好像复盘当时场景

比如说:"上一次父亲节之前,我发现你在很细心地为爸爸包装礼物,用漂亮的蓝丝带扎了一个蝴蝶结,还在礼盒上写了'爸爸,节日快乐!'。这是你感谢爸爸的表现。"孩子听了这样的话,就会想到当时的场景,身临其境地回忆起自己的做法,会更多感受到自己这样做是对的,自己是被关注的。

3. 孩子犯错时,需要鼓励

比方说,小佳同学参加演讲比赛,因为 U 盘突然坏掉,无法播放 PPT,影响了他的发挥,心中很郁闷。事先,老师也关照过他,U 盘要带两个。但是他却不以为意。他的妈妈就这样鼓励道:"这件事的发生,你是负有一定责任的。老师提醒了你,你却忘记了。此外,虽然 U 盘突然坏掉是不可预估的事,但是这么重要的演讲,你的稿子也是需要备份的。别难过,我们今天知道了,以后就可以这样做准备,没事,这也是一种提醒。下次我们继续努力。"孩子在成长过程中,犯错是不可避免的。如何帮助其积极改正,其中很重要的一点就是教会孩子把犯错误看作是一个学习的机会,此时,就需要鼓励。

三、实践与反思

经过实践可以发现,多多使用鼓励,孩子的自信心确实提升了,学习的主观能动性也增强了。在使用的过程中,有两点需要注意:

1. 配上和善的面部表情

在鼓励孩子时,我们应该注意自己的非语言信息,尤其是面部表情。表情应该是和善的、对孩子充满信心的、能够传递给孩子积极乐观的力量的。孩子接收到这样的信息,会感受到你的真诚和你带给他的力量。

2. 把自己当成孩子

在鼓励的时候,有时候家长或老师会不确定这样的鼓励是否是孩子需要的,

是否对孩子有帮助。那么就不妨进行换位思考,把自己当成孩子,站在孩子的角度去思考自己说的话。若是此刻站在孩子立场上的你,对自己所说的话感到的是激励,想要进取,那么你说给孩子听时,孩子同样会有这样的感受。

表扬≠鼓励,作为家长或老师的我们,应该多多使用鼓励的方法。有效运用鼓励,可以培养孩子自尊自信的能力,激励其积极成长。

第十六讲　我懂得你的错误

——读懂不良行为

　　人在成长过程中难免会有一些不良行为。当孩子出现了不良行为,你会不会如临大敌,很急切地想要去纠正? 当孩子的不良行为一而再、再而三地出现时,你会不会想要加大"惩罚"力度去纠正? 其实,孩子的不良行为常常是有因而为的,只是孩子由于个体发展不够成熟,不会使用恰当的方法来表达自己这么做的原因,或者根本没有意识到自己有错。作为家长和老师的我们,需要做的是"读懂"孩子的不良行为,找寻其背后的原因,从源头上解决问题。

一、常见的青少年不良行为

　　我们这里所谓的"不良行为",并不是一般意义上的违反法律的犯罪行为,也不是品德问题,而是在学习、生活过程中,孩子所犯的错。我们会发现孩子做出不良行为常常是因为"不懂"(无意识行为)、"不会"(缺乏技能的行为)、"跟不上"(适应不良的行为)、"不高兴"(情绪原因行为)等。若是我们将孩子的行为看成是孩子的"无意识行为""缺乏技能的行为""适应不良的行为"以及"情绪原因行为",看成是为了能跑之前的"蹒跚"努力,会不会觉得这些不良行为其实是可以理解的呢? 回忆一下我们自己的童年,会不会觉得很多事是似曾相识的?

很多时候,孩子的行为只是符合这个年龄特点的一些行为,并不是不良行为。只是身为大人的我们在用自己的成人视角看孩子,用社会化的标准去要求孩子,就会觉得孩子做得不对。

比方说,一个十几岁的孩子想要数学作业获得老师的表扬,但是自己却不能把作业都做对,于是他就"艺术"(不会被老师一眼就发现)地抄袭了作业。虽然作业是虚假的,但是可以获得老师的表扬。这个抄作业的行为自然是不良行为,是一个错误,但是如果我们直接指出"你是虚荣的",或者讲一些"你不该抄作业"的大道理,孩子并不会真正意识到自己的错误。我们没有读懂孩子的错误,自然不能有正确的引导方式。因此,读懂不良行为,是走进孩子内心世界的一把钥匙。

二、不良行为背后的目的及应对方法

每个不良行为的背后,都会隐藏着孩子们的真正想法和诉求。一般来说,可以分为以下四种:求关注、要权力、想报复、欲放弃。当出现不良行为时,孩子并不会意识到自己的真正意图,也不会意识到自己具有错误的观念。你若是问他为什么这么做,他常常只会从现象去解释,并不会意识到自己的"心结"。当碰到同样场景,这样的错误其实会一而再、再而三地发生。

对于不同目的的不良行为,我们所采取的方法也是不同的。

1. 求关注

确切地说,这里的"求关注",其实是指求"过分"关注。这样的孩子,对于自己是否是"中心"看得很重要。他们常常会希望得到很特别的对待,这样才会觉得有安全感。这样的孩子其实是在不断确认你是否爱他,而他真正需要的是陪伴。当然到了高中阶段,孩子更多的是需要心灵上的陪伴。所以,家长或者老师可以从这方面入手。比方说,可以帮助孩子一起完成一个任务(以孩子为主,家长或老师为辅)。你可以和孩子一起制订完成这个任务的计划,一起商讨可能出现的问题以及应对的方法,一起讨论努力的方向,然后放手让孩子去完成。当孩子出现了困惑,想要求助于你的时候,再和他一起商讨,而不是直接越俎代庖给出明路。这样,孩子就会拥有属于自己的成就感,找到归属感,找到价值感。同时,因为全程我们都是在关注和陪伴的,孩子就会觉得很温暖,渐渐会放弃追求"中心"感。

2. 要权力

对于寻求权力的孩子来说,是否由他说了算是很重要的一件事。而作为家长和老师,看到孩子的"做大",也常常会生出"翅膀硬了嘛""胆子大了嘛"这样的想法,我们也会很想"拍死"这样的孩子,让他明白"天高地厚",让他懂得尊重我们。然而,现在的孩子哪是这么容易屈服的? 常常,我们相"斗"的结果是两败俱伤。

对于这样的孩子,我们要做的就是不要开战。这样的孩子,常常是很会"说"的,我们想要简单地以理服人是有一定困难的。家长在和孩子的争论过程中,也常常会出现做不到的"威胁"之语,比如"你再这样,我就把你赶出去",但是你真的会赶吗? 并不会。久而久之,孩子就会知道,你只是说说而已。所以,原则是"不说,只做"或者"少说,多做"。我们的行动要优于我们的语言。

比方说,你希望孩子只玩一个小时的游戏就去写作业。我们常常看到的场景是这样的:

家长:你什么时候去写作业? 你不是说好一个小时就去写作业吗?

孩子:知道了,马上马上。

家长:你每次都是马上马上,你能不能讲话算话?

孩子:学习那么累,我玩一会儿又怎么了? 再说了,我们一起组队的,我现在下去要被骂死了。

家长:学习重要还是游戏重要?

孩子:你烦死了,整天就是学习学习,我就是要玩,又怎么样?

……

以下可能出现不断的循环往复,家长觉得孩子不爱学习,心里焦急,孩子觉得家长不懂自己,心里反感。这样就算互相大战上百个回合,情况也不会有真正的改善。

所以，我们需要做的是，给孩子有限的选择。比方说，家长可以问，你是现在去写作业，还是5分钟后去写作业？然后，就坚定地执行，不要进行无谓的"拉锯战"。久而久之，孩子会渐渐放弃权力之争。

3. 想报复

对于想报复的孩子来说，让你"不开心"是他想要的结果。不过，虽然看起来是"恨"意满满，但实际上是在索"爱"。这样的孩子确实会让人觉得很无奈，但也只有用"爱"来浇灌孩子，孩子才有改变的可能。

所以，我们最先需要做的就是冷静，从报复循环中退出，同时等待孩子的冷静。

我们可以告诉孩子我们自己的感受，比方说，对于你刚才的行为，我感到有点生气，我希望我们能够在冷静的情况下聊一聊。

接下来，我们可以和孩子共情，猜测孩子行为背后的原因。比如，"你看起来很愤怒，是什么原因让你这样生气?"对于孩子的回答，我们要报以理解，理解就是一种心灵上的陪伴，千万不要试图去说服孩子接受我们的观点。

有时候，你会发现这样的方法对于孩子好像暂时有效，过一个阶段又"死灰复燃"了。这时，可不能放弃。因为喜欢"报复"的孩子，已经受到了许多伤害，所以，他会反复确认你是否真心对他，也因为一贯的习惯问题，会让孩子再次出现不良行为。此时，我们需要坚持。渐渐地，你会发现，孩子犯错的频率越来越低，犯错的"力度"也越来越弱了。

4. 欲放弃

欲放弃的孩子是"无力"的孩子，并非能力不足，而是没有看到自己的成功。长期没有成功的体验，孩子就会自卑，认定自己是不行的，进而自暴自弃。这样的孩子，心中也会有一个对完美的期待，但是自己做不到，就索性都放弃了。

对于这样的孩子，创造机会让他体会到点点滴滴"成功的快乐"是很重要的。

比如,可以安排一些孩子力所能及的事,请求他的帮助,并在他帮助的过程中感谢他,鼓励他。如果是老师,还可以在公开场合对孩子进行适当的鼓励,让孩子看到自己的可能性。重塑孩子的信心是很重要的。

当我们读懂孩子错误背后的密语,就能从源头上帮助孩子减少、甚至消除不良行为。

第十七讲 我能理解你的感受

——用心，共情，同理

孩子考试考砸是一件很常见的事，作为家长，你会怎么处理呢？

一、案例呈现与分析

小婷期中考试考得很不理想，她心里很难过。回家后，妈妈一看她的表情，就明白了考试成绩一定不好。于是，妈妈就安慰小婷，妈妈说："没事，这次考砸了，下次一定成功，因为你是最棒的。"可是，小婷听了一点都没有觉得好受。

小斌期中考试也很不理想，他心里很难过。回家后，爸爸问了几句，知道了他成绩不理想，就说："叫你考好了就骄傲，你看成绩下来了吧，你就是个会上上下下有起伏的人。"小斌听了后，觉得特别烦，"砰"地一声关上了房门。

这都是很常见的场景。一般而言，家长在面对孩子考试考砸时，会有如下几种教育方式：

赞美型：你是最棒的，你下次一定可以考好。

说教型：告诉过你要好好学习，你就不听，现在难过有什么用？

警告型：你要是再考出这种成绩，就别怪我收掉你的手机。

贴标签型：你就是个学习会上上下下的人，成绩好了就骄傲，就不好好学习，成绩不好就努力,上去之后又这样,好了伤疤忘了疼。

命令型:你给我好好看书去。

转移型:别难过了,还是想想接下来怎么做吧。

这些话语,能够看出家长对孩子学习的关注和对孩子的爱,以及对孩子的"恨铁不成钢"。但是,细心的家长会发现这些话对孩子的作用其实很有限,并非次次有效。也可能年幼时有效,大了就怎么也劝不了。为什么呢?因为你专注于解决事情,而忽略了情绪的问题。你没有走到孩子的心里。

所以,你的一句"别难过了",孩子更"难过";你的一句"我早就说过了",孩子却没有了难过,开始发火了。

二、策略与方法

我们需要做的是共情。

所谓共情,又称为同理心,是人本主义心理学创始人罗杰斯所阐述的概念,也是心理咨询中一项重要的技术。要言之,就是根据对方的言行,设身处地地去理解对方。在平时的生活中,如果能够很好地运用,可以帮助自己消化负面情绪,帮助孩子拥有阳光心态。

面对此类问题,有一个原则,就是先处理情绪再处理事情。所以,家长不能指望说的话让孩子在事情上立马出现转机。我们要做的是先处理情绪上的问题。

这里有一些经实践检验相当好用的方法:

1. 换位思考,把自己当成孩子

这是相当重要的一件事,许多家长之所以不能走到孩子的心里,是因为家长已经习惯了自己是家长的身份,已经忘记了自己曾经也是一个孩子,不了解孩子的想法。

虽然,现今社会发展迅速,家长与孩子之间产生一定程度上的代沟是不可避免的,但是在感受情绪方面,人是共通的。

所以,家长要换位思考,把自己当成孩子,想一想:在这样的情境下,我会有怎样的感受?此时你的感受常常也会是孩子的感受。

这个方法是后面两个方法的基础,后面两个方法的使用必须建立在进行过"换位思考"的前提下。

2. 真诚地说一句"我理解你的感受"

当一个人产生负面情绪的时候,最重要的不是立刻让这个负面情绪消失。若是立刻消失,那也只是表面现象,它会被压抑到更深的地方,不利于心理健康。

负面情绪,是有其存在意义的。我们不能回避它。有一部电影是专门讲情绪的,女主角莱利最后就是被"忧忧"(忧郁)所救。负面情绪可以帮助我们有效解决问题(焦虑感),指导规范行为(恐惧感),帮助理性分析(抑郁情绪),激发正面力量(愤怒感),等等。

因为负面情绪常常带给人不太好的感受,所以,我们常常会希望它快快消失。其实,让它被看见,就是最好的释放。

简单的一句"我理解你的感受",就会让负面情绪被看见,让孩子明白他的难过有人懂,使他获得极大的正向力量。

3. 运用"你句式",说出孩子的感受,进一步地共情孩子的感受

"你句式"是简·尼尔森"正面管教"教育方法中一个重要的方法。

"你觉得_____,是因为_____,你希望_____。"①

在"你觉得"后,加上情绪词。这个情绪词,就是你解读的孩子当下的情绪,可能是"难过""伤心""愤怒"等。

在"是因为"后,加上"原因"。这个原因是家长解读出的孩子发生这个情绪的"原因"。

在"你希望"后,加上"期待"。这个期待是家长解读出的孩子的期待。

---

① [美]简·尼尔森. 正面管教[M]. 玉冰,译. 北京:北京联合出版公司,2009.

如果一开始不太有效，就多试几次，总会慢慢找到孩子真正的情绪、真正发生情绪的原因和心底真正的期待。

小婷和小斌的家长使用了这些方法后，发现孩子的情绪指数都下降了，渐渐地也开始对家长说一些知心话了。

而对于家长来说，在换位思考、解读情绪的同时，也发现了自己的焦虑与紧张，自己的负面情绪也被看见了。

三、实践与反思

在共情的实践过程中，家长要特别注意自己的非语言信息，包括眼神、语气、姿态等。一句简单的"我理解你的感受"若不是真心诚意的，而是带着敷衍，带着想要快点摆平孩子使其听从自己的意见的目的的话，这句话就变成了一种套路。孩子会对你不信任。

有一些孩子和父母对立的情况比较严重，那么父母在共情的时候，要特别注意这可能是一场信任的"持久战"，也许孩子并不会马上就选择相信你真的理解他，或者在一段时间后会出现反复。这样的孩子是更加需要关爱的，他的"挑战"和"反复"固然有习惯因素，更有着想要确认你的真诚的成分在内。

相信大家一定能够理解孩子的感受，因为你爱他。相信孩子一定会有改善，因为他也爱你。

第十八讲　我们一起来决定

——开展家庭会议

在家庭教育中,我们常常会发现一个问题,那就是"家长一言堂"。看起来,在家庭教育中,常常是由家长作为主导,由家长说了算,可是实际上,你会发现孩子阳奉阴违的行为不少,并且屡教不改。家长管自己说,孩子管自己做,我行我素。

当家庭成员不能解决他们互相之间的问题时,这些问题就会循环往复地一再出现,呈螺旋式恶化的状态。所以,此时,我们需要积极地沟通,对于一些家庭问题,"我们一起做决定"。我们可以选择进行家庭会议,发现家庭中的问题,了解每个人的想法和需求,增进家庭成员之间的感情。

一、案例呈现与分析

小彬是个兴趣爱好广泛的孩子。他喜欢打篮球,喜欢玩游戏,喜欢跑步。他每周都要与同学相聚打篮球、玩游戏,还每周雷打不动要进行 5 公里慢跑。学习劳逸结合是无可厚非的,可是,根据小彬的安排,花在运动和游戏上的时间,周一到周五每日需要 2 小时左右,而周末更是足足花了一天的时间。这样的时间分配严重影响了学习生活。父母说了他多次,却在小彬一次次的"诡辩"中败下阵来。有时,采取强硬措施,小彬会收敛一些,但父母不可能时时刻刻都盯住。不论是大人还是孩子,都觉得很累。

小彬的问题,如果只是父母和孩子斗智斗勇,是无法解决的。

其实,这种情况就可以采用家庭会议的方式来解决。

二、策略与方法

家庭会议就好像工作例会一般,对于一个公司或者一个学校来说是很重要的。定期召开可以让大家了解彼此近况,了解各自诉求,了解各自对于同一件事的不同看法。

家庭会议是给予孩子尊重的表现,孩子会强烈地感受到自己是家中的一员,可以参与家中事务的讨论,是和爸爸妈妈一样的,拥有平等的"说话权"。

1. 感谢家人,营造氛围

我们可以选定一位主持人,负责主持这个家庭会议,主持人的作用只是负责串起整个家庭会议的流程,并非决定人。

家庭会议的第一个环节就是感谢。每个人都可以说出过去一周中其他家庭成员对自己所做的一件值得感谢的事。中国人的情感相对比较内敛,在表达感谢时,尤其是面对至亲,更容易觉得不好意思。这样的致谢虽然一开始挺难开口的,但只要你愿意尝试和坚持,就会感受到它的神奇魅力。

感谢对方对自己所做的一件值得感谢的事,就会让对方感受到自己的付出是有价值的,是一种正向的鼓励。家庭成员间互相感谢会形成良性互动,营造出和谐的家庭氛围。同时,也会让孩子觉得自己是被爱温暖着的,就算接下来可能需要解决一些家庭内部矛盾,也会从解决事情本身出发思考,而不是处在不良情绪中,想要和父母进行"权力之争"。

2. 确定话题,明确问题

我们可以用正面的肯定句式来描述目前家庭中出现的问题。这个描述应该是简洁而明确的,同时是大家共同的问题。并且在明确问题的过程中,以"我"为第一人称开始,从"我"的角度讲出"我"看到的问题,同时从"我"的角度分析原因,而不是责怪他人,把问题都推到其他家庭成员身上。在这个环节中,我们要特别注意的是,不论对方说了什么,我们都不能去驳斥对方,而要让对方把话说完,这是尊重对方话语权的表现。至于有什么不同看法,可以先保留意见。若是在此环节就开始明确反对,那么家庭会议就会变成一场批斗会,就会破坏积极解决问题的氛围。

比如根据小彬家的这个情况,主持人就可以说:"今天我们想要讨论的是关于小彬花多少时间在运动和游戏上的问题。"以此来开始今天正式的讨论。

小彬妈妈说:"我对于你喜欢运动和游戏没有意见,但我担心你花了过多时间,影响学习成绩。我想请你缩减你的运动、游戏时间,因为学习时间紧迫,过分的玩乐是在侵占学习时间。"

小彬说:"学习生活很苦,运动可以让我有活力。打游戏是我和同学一起进行的,如果我中途就下线,这是很没有义气的表现。"等等。

每个人都可以说出自己的看法,允许不同的想法存在而不急于批判。

3. 头脑风暴,畅所欲言

在上一个环节中,我们听到了所有人对这件事的看法。在这个环节中,我们可以先分享各自的感受,对其他家庭成员刚刚的陈述表示理解。

如小彬妈妈说:"听到你的话,我了解了一个事实,就是原来打网络游戏不是想下线就能下线的,这是我之前所不了解的。"

小彬说:"原来妈妈你只是反对我玩得过多,并不是一刀切地要求我停止。"

此时,彼此的感受会让家庭成员的心紧密相连,互相理解的姿态使人从"对立面"站到了一起,消除了彼此的误会,有利于事情的解决。

然后,家庭成员可以把目光放在问题的解决上。每个人都可以畅所欲言,进行关注问题解决的方案讨论。在讨论的过程中,每个人对其他家庭成员所提出的方案,要做到不批判,不武断反对,尊重每个人的发言权。在提出几个方案后,再进行方案可行性的讨论,包括讨论每个方案实施时可能会出现的问题、每个家庭成员对这个方案的感觉如何等。最后,找出一个大家都可以接受的方案。

小彬家庭最后的讨论结果,就是周一到周五可以有 3 个小时的锻炼时间,可以在周一到周五之间任意选择,可以一次性进行 3 个小时锻炼,也可以分 3 次每次一个小时。周末可以拥有 2 个小时的游戏时间,可以事先和队友声明好自己只有 2 个小时时间。在游戏时间结束前的 30 分钟和 15 分钟,妈妈或爸爸会各提醒一次。

4. 坚决执行,评估成效

当每个人都同意了这个方案后,可以将这个方案写在纸上,大家都郑重地签上自己的名字,就好像是签约合同一样,贴在家里醒目的地方。可以是大门上,可以是冰箱门上,等等。然后就要坚决执行,这样,会议上的讨论才有意义。在执行的过程中,可以先约定一个试运行期,比如一周时间,看看具体实践的效果,看看实践时会存在哪些问题,需不需要进行调整。而后,每过一段时间再进行一次评估,来了解每个家庭成员对这个约定的满意程度。

三、实践与反思

在家庭会议召开的过程中,有一些问题虽然进行了讨论,但可能达不成共识。此时,可以不必着急,这常常是由于家人间互相的了解和信任还不够造成的,可以重新走家庭会议的四个步骤,让每位家庭成员足够了解其他成员对于这件事的看法,换位思考。当互相的信任感足够,就会慢慢达成共识。

在会议结束后的实践过程中,常常会出现的一个问题就是,由于惯性使然,约定不被遵守。此时,我们还是需要在冷静的情况下去沟通,比方说可以问问"我们的约定是什么"。切忌因为约定没有被遵守而对对方"冷嘲热讽",以此来发泄自己的不满。

此外,家庭会议应该是常态化的,是家庭生活的一部分,而不是非等到出现了问题再开展。平日里一些生活的小事也可以被讨论。比方说,假期去哪里旅行,家务活如何来分配,等等。久而久之,家庭会议会成为家庭成员互相之间亲密联系的一个纽带,大家都会享受这个讨论的过程。

第十九讲　这件事的积极意义是什么？

——关注正面引导

在日常生活中碰到意外、遇到麻烦、遇到波折，是在所难免的，但是若是就此倒下就不应该了。在碰到挫折的时候，我们可以帮助孩子将挫折这个事实和由挫折而产生的不合理想法区分开，找到"这件事的积极意义"。一念挫折，一念机遇，关注正面引导，积极向上，锻炼好孩子的逆商，这是使其一生都受益无穷的。

一、案例呈现与分析

小金在初中时是个大队长，一直深受老师喜爱，可是到了高中后却只担任了班级的副班长，他心中有些郁愤。副班长就副班长吧，只是没想到，在一次班干部改选后，他的票数较低，连副班长也当不了了。他觉得自己所在的高中一点儿都不好，老师没以前的老师喜欢他，同学不像以前的同学，觉得有些郁闷。

这确实是一件令人沮丧的事，小金的问题在于混淆了想法和事实。当发生挫折时，我们的脑海中常常会冒出一些歪曲事实的想法。这些扭曲事实的想法大致分为三类：

1. 夸大事实，把事实极端化

比如，我之所以考试没考好是因为我太笨了，我本来就考不好的。再比如，我今天考不好,所以我接下来考大学也会有问题,考不进好的大学,我以后的工作就有问题,我这辈子就完了。陷入少了一只鸡蛋就好像失去一整个养鸡场的悲伤中。

2. 以偏概全,把小部分当成全部

比如,一个班级有 50 个同学,48 人对我的评价都很不错,只有 2 人对我的评价不太好,一定是我哪里做得不到位,人家不喜欢我。只有所有人都喜欢我,才觉得自己是做到位了。

3. 无中生有,把两个没有关联的想法相联结

比如,我没有选上班干部,是因为这所学校不好,这个班级的同学不好。把责任推在不相干的事上。

像小金这种情况就属于第三种情况,他进行了不合理的推断,将自己的落选归结于老师和同学都不识货,不了解他的实力。这其实是一种无中生有的想法,他的想法歪曲了事实。

他的问题在于,他将在初中时的感受代入到了高中,希望在高中获得同样的感受,拒绝接受高中和初中不一样的地方,这是一个定位问题。他想当然地认为,自己在初中是个风云人物,到了高中自然也必须是。我们当然都知道,初中好就一定等于高中好吗?这是未必的。小金受困于这样的不合理想法。

对于小金而言,选举票数较低是事实,但是同学们不喜欢他,老师不喜欢他,却不完全是事实,是小金自己归因的想法。进入高中后,优秀的同学很多,经过权衡后,老师请他担任副班长,也是看重他的能力,希望他能够继续为班级服务。小金却觉得这个“官”比不得初中,认为老师轻慢他。这就是不合理的想法。因为这样不合理的想法,小金在进行班级事务管理时是带有情绪的,工作上有许多不到位的地方,并没有做好老师的好帮手,也没有服务好班级和同学。在选举时,同学们也正是看到了这一点,没有选择小金。而小金没有看到自身的责任,并产生了“同学们不喜欢我”的不合理想法。

二、策略与方法

然而,每件事的发生都有其积极意义,若是能够找出其积极意义,就能够化"悲痛"为力量。作为家长和老师,需要对孩子进行正面引导。在积极处理之前,我们需要允许孩子和不良情绪待一会儿,拥抱自己的情绪。小金遇到了这事,他当然可以郁闷。然后,需要做的就是评估自己脑海中出现的究竟是事实还是想象,修正自己的不合理想法。

当挫折发生时,人很容易产生不良想法,而这种想法恰恰不是事实。你所经历的挫折常常都不如你想象的那么糟糕。你之所以产生痛苦的感受,常常是因为你不合理的想象。我们的大脑无法区分真实的事物和想象的事物。有研究表明,两件毫无关联的事在大脑中有意识地联结 15 秒,它们就会牢牢地黏在一起。所以,引导孩子建立起积极正向的想法是很重要的。

1. 相信每件事都有其积极意义

每件事都有其积极意义,意味着可以将消极看法换个角度,转化成积极意义来看。比方说,班干部落选是因为自己人缘不够好,那么其反面积极意义就是,因为自己在新的集体,自己还没有很好地适应,没有让大家了解自己。这次的落选可以让自己思考如何和同学建立互信诚挚的友情,如何有效地推介自我。再比如,落选是因为初中和高中不一样,在初中"受宠",在高中"不受待见",从积极的角度看,就是让自己明白初中和高中的模式是不一样的,不能单纯地用过去的经验来过现在的生活,此时,可以思考如何过好现在的高中生活。

通过思考,小金可以在纸上写下自己的消极看法,从自己的角度出发,反思自我,然后在纸上逐条列出这些消极看法的积极意义。

当我们不带情绪而只是客观地去看待这件事时,就会看到这件事的积极意义,就会有改善的可能性。与其一味沉浸于痛苦之中,无法自拔,不如把目光放在问题的解决上。

2. 明确自己的目的和能力

我接下来的目的是什么？这个目的,必须是真实的想法,是你真正想要的。比如,我希望可以选上班干部,发挥自己的才干为大家服务等。

然后再思考自己的能力。目前我拥有哪些能力可以帮助我成为班干部?(这里必须注意的是"目前",而不是曾经。这可以帮助孩子把目光放在现今。)如果想要更明确地感受,可以分别给这些能力打分(1 到 10 分),使其更为直观。比如,我拥有组织班级同学参与劳动卫生的能力,这个能力我打 7 分;我拥有为班级表演的才艺,这个能力我打 9 分……

3. 相信每件事至少有三个解决方法

想要再次选上班级干部,我可以做哪些努力呢?(如果刚才你为自己的能力进行了打分,这里就可以问自己,如果想要把分数提高 1 分,我可以做哪些努力?)

小金可以根据自己的情况,仔细思考具体可行的方法。当明确了行动方向,就可以大跨步地前进了。采取行动,尽管去做,这才是真谛。

此外,我们可以利用想象的力量来"欺骗"大脑。既然不合理的想法会"蒙蔽"事实,让我们陷入消极情绪,做出消极行为,那么为什么我们不能用积极的想法来引导我们进入积极情绪,做出积极行为呢?我们的大脑无法区分真实的事物和想象的事物,在大脑中若是反复想象,大脑会为了保持一致而促使外部现实和内心想象一致。简言之,就是积极的想法会引发积极的行动。而积极的行动会带来积极的效果,从而进入良性循环。

当我们更多开始关注这件事的积极意义,进行正面的引导时,我们的身体就好像注入了无穷能量一般活力满满,又会积极主动地去为自己而奋斗了,那么许多难题就迎刃而解啦。

第二十讲　我理解你

——共情同理学生

　　从老师的角度来说,想要拥有良好的师生关系,放下身段,和孩子进行心与心的交流,是十分重要的。心理咨询中的"共情"技术能够帮助师生建立相互信任、相互理解的良好关系。心理学上的"共情"①是指咨询员一面聆听当事人叙述,一面进入来访者的内心世界,以感同身受的方式体验来访者的主观想法与情绪,要求对来访者所处的情况心领神会,然后跳出来访者的内心世界,将他对来访者的了解传递给来访者,对其进行帮助。对于老师而言,就是老师能够站在学生的角度进行换位思考,能够对学生的想法感同身受,能够理解学生。使用"共情"这项技术,学生会感受到老师对学生的尊重与关爱。

　　对于高中学段的学生而言,"亲其师,信其道",如果师生之间保持良性的互动,那么学生的很多问题都会迎刃而解。

一、案例呈现与分析

　　小园是一所普通公办初中的学生,中考时以该校第一名的分数考入了一所重

---

① 陈金定.心理咨询技术(上)[M].广州:广东世界图书出版公司,2003.

点高中。在初中时，小园的成绩很不错，一直在班级中名列前茅，可是进入了高中后，她发现高手如云，自己跌落到了班中倒数。原本在初中，她轻轻松松就可以拿到第一，而在高中，她不论怎么努力名次都是倒数。小园觉得很伤心，每天去学校时都给自己加油鼓劲，可是做不出的习题和成绩难看的试卷，总是一次又一次地"打脸"。她找到了王老师，王老师充分运用"共情"技术陪伴小园。慢慢地，小园调整了自己的心态，成绩也有了进步。那么，王老师具体是如何来做的呢？

二、策略与方法

（一）倾听与陪伴

小园和王老师坐下来聊的时候是很难过的。她说道："我在初中的时候，回家把作业做好，复习一下，很轻松地就名列前茅，同学们都很崇拜我，觉得我很牛。可是到高中以后，居然连老师上课讲的都听不懂，作业都不能好好做完。每天的作业都是我很大的负担。考试的时候，我觉得题目都在嘲笑我。而且有的同学明明是抄作业的，考试成绩居然还比我好很多，又很稳定。我不知道发生了什么……"她向王老师讲了许多诸如初中时如何优秀、高中时如何糟糕的事。王老师对她所说的话都只是静静地听，让小园说出自己想说的，并不加以评判。小园哭泣的时候，王老师递上纸巾，轻轻拍拍她的肩膀。

当孩子很难过地诉说什么事的时候，他们需要的就只是倾听与陪伴，我们不需要过多去说什么，只要静静地听着，简单地陪伴就好。孩子选择对你诉说，是对你的信任。他最想要的是有人听他说话，有人理解他。面对如今的困境，他希望知道不是只有他一人是如此感受，他的难过是正常的。当孩子将自己想说的话说出来，将深埋已久的情绪发泄出来后，就会好受很多。

我们也会发现，有的时候，孩子向我们寻求解决问题的方法，但是，说着说着却豁然开朗了，自己找到了解决问题的方法。这是因为将情绪释放后，他们的情绪阴霾散去，回归理智思考，就会觉得有些事情并没有那么难。

（二）适时的语言反馈

在小园讲述自己的故事时，王老师会适时地说"嗯""的确""我明白""我理解"，让小园感受到自己正在认真听着，同时也让小园感受到她不是唯一有这样情绪体会的人，王老师正在她身边陪伴她。

孩子在讲述自己的故事、自己的遭遇的时候，常常会"滔滔不绝"，好像一股脑地都想说出来，这个时候，适时的简单反馈可以帮助孩子确认你正在听，同时也可以鼓励孩子说出自己想说的话。

（三）说出孩子的感受

说出孩子的感受，就是为了让孩子感受到被理解。王老师用了以下方法：

1. 直接说出

王老师听了小园的哭诉后，说道："听起来你非常难过。"这一句话就说出了小园现在的感受。小园意识到自己很难过，在和王老师对话一开始时就说了"我很难过，我不明白，为什么我的成绩初中那么好，到了高中却这样"。而老师说出孩子的感受，就是对孩子情绪的确认、对孩子情绪的理解，会给孩子莫大的支持感。

2. 重复式反馈

小园说："我不明白为什么他们抄作业还比我这个自己做作业的成绩要好。"

王老师反馈说："你不明白为什么他们抄作业还比你这个自己做作业要好，你感受到了什么？"

此时，王老师的做法就是重复小园说的话，引导孩子说出自己的感受。

重复孩子所说的话，可以确认孩子所讲的事，可以让孩子感受到陪伴的温馨，再询问其感受时，孩子会比较容易说出。当然，需要注意的是，这项技术不能用得过于频繁，否则会让孩子觉得你在简单地"鹦鹉学舌"。

3. 概括式反馈

小园诉说的时候讲了很多事，王老师会适时地概括小园所说的情况，并加上感受。

如小园说:"我回家作业都写到 12 点了,可是我坚持自己写。我从来都是先看书,再看课堂笔记,然后自己认真做,但是还是做不出来。"

王老师反馈说:"你的意思是你付出了很多努力,可是仍然做不出来,这令你感到很沮丧吗?"

此时,王老师将小园的话做了一个概括,再解读出了小园的感受。这样的概括,言简意赅,解读出孩子的表达背后隐含的信息,可以帮助小园确认自己最想要解决的问题,引导孩子由纯发泄情绪向聚焦问题过渡。加上情绪,仍然是一种确认和陪伴。

(四)亲和的非语言信息

在整个和小园的交流过程中,王老师始终身体微微倾向小园,用关切的眼神看着小园,适时地拍拍她的肩膀,握住她的手,以温柔关怀的非语言信息让小园感受到老师就在身边。

(五)跟进评估

在咨询后,王老师对整个咨询过程进行了复盘,仍然对孩子保持关心,观察孩子的改善情况,做一个跟进了解。经过一段时间的自我调适,小园的脸上又洋溢着开心的笑容了。

三、对于"共情"的一些认识误区

1. 共情≠讨好

有些老师会认为,为什么要放低自己的姿态去迎合学生?这不是有损师道尊严吗?其实,共情就好像是把自己放在对方的位置,模拟用对方的眼睛来看这个世界,由此体会出对方的感受和想法,借由你自己的嘴说出来,反馈给对方。简言之,就是你感受到了,你替对方说出了他说不出的话。对学生而言,他感受到的是老师对他的尊重,尊重是相互的,他也会自发地对老师产生尊重。

2. 共情≠同情

共情是一种设身处地的思考，站在对方的角度去理解对方的感受和想法。共情就是把我当成你，"如果我是你，我感受到……"。此时，老师和学生的地位是平等的。而同情是一种怜悯，就是"你真的好可怜"，而并不能体会到对方的真实感受和想法，反而还会有一种高高在上的感觉。

共情技术的运用是为了帮助学生加深对自己的了解和接纳，是为了引导学生提高聚焦问题、解决问题的能力。它虽然是一项心理咨询技术，但是，在平时的教育教学过程中也是可以使用的。一句简单而真诚的"我理解你"，就会带给学生莫大的鼓励。

第二十一讲　赢了≠赢得

——关注问题解决

你会不会觉得，当孩子犯错的时候，不让他因自己的错误吃点苦头，他就不会真正改正？当你因此而"羞辱"孩子的时候，会不会有一种快意，有些胜利者的"得意"？我想，在和孩子的这场"权力"斗争中，你看似赢了，实际上你已经输了，因为你已经掉入了"赢了"孩子的"陷阱"。①

"赢了"是单向的，是有高低之分的。"赢了"的一方，眼睛是向下看的，内心深处的潜台词是"鄙视"。"赢得"是双向的，是平等的，"赢得"的双方都可以说明自己的主张，是有商有量地达成共识的，双方是彼此平视的，双方内心的潜台词是"尊重"。

若是家长和孩子的关系、老师和孩子的关系是"赢得"关系，那么，孩子感受到的是尊重。每个人都有获得尊重的需求。在这种情况下，孩子更会关注问题的解决，而不是卷入"权力"斗争，以"赢了"家长或者老师作为最终目的。

一、案例呈现与分析

宣宣放学回到家，就愤怒地把门一甩，把书包也扔在了地上。宣宣妈妈觉得

---

① ［美］简·尼尔森. 正面管教［M］. 玉冰，译. 北京：北京联合出版公司，2009.

宣宣一回家就发脾气太不像话了,于是她眼睛一瞪,问道:"干什么? 回来发什么脾气?"

宣宣没好气地回答:"你要是被老师公开批评,你能有好心情才怪呢!"

宣宣妈妈觉得宣宣不从自己身上找原因,却怪老师批评她,心里更生气了,于是她说:"老师怎么会无缘无故地这样批评你,肯定是你自己做错了什么。你不从自己身上找原因,还叫什么? 你活该!"

宣宣听完后更生气了,随手抓起桌上的东西摔在了地上,怒道:"我什么也没有做,我就是什么也没有做!"

这件事其实是宣宣上课时和后面的同学讲话,老师忍无可忍,于是厉声批评了宣宣。宣宣觉得在同学们面前丢尽了脸面,何况是自己和同学两个人说话,凭什么只批评自己一人。

宣宣妈妈的做法是想让宣宣听她的,在自己身上找原因,而不是一味地怪罪他人。这样的想法在双方冷静的状态下,并没有错。但是,宣宣正处于盛怒之中,妈妈的做法,就是想"赢了"宣宣。这怎么可能让宣宣配合呢? 她只会将纷争升级。

这时候,我们需要的是"赢得"孩子,将关注点放在问题的解决上,妈妈和孩子一起解决问题。

二、策略与方法

想要"赢得"孩子,就要让孩子感受到你的理解。

对于高中学段的孩子来说,是否被理解是一件很重要的事。当他们觉得自己被理解,就会愿意听你说话,愿意接受你的建议。反之,带来的就只有反抗和阳奉阴违。"赢得"是一种相互尊重,如果孩子觉得你是尊重他的,就会慢慢向你敞开心扉。

想要"赢得"孩子,我们可以七步走:

第一步,家长和老师向孩子客观陈述观察到的情况,并说出孩子的感受。

宣宣妈妈可以说:"我注意到你回来时把门一甩,书包也扔在了地上,我想你一定很生气。"陈述观察到的情况,是帮助孩子意识到自己正在做什么;说出孩子的感受,是为了让孩子的情绪被看见,降低孩子的情绪指数,让孩子尽快回到冷静的状态。

第二步,请孩子客观地说说发生的这件事。

在这里必须请孩子客观地去说这件事。如果发现孩子在讲的过程中不由自主地带出了他的感受,你可以提醒他只说事情,也可以选择让孩子站在旁观者的角度去复述这件事。

宣宣妈妈可以这样来询问:"如果你是在场的其他同学,能不能从这个同学的角度告诉我发生了什么?"

若是以客观的角度来说这件事,孩子就会从当下的情绪困局中解脱出来,只关注事情发生的过程,意识到双方的问题,而不只是对方的问题,情绪指数会进一步下降。

第三步,询问孩子对这个问题的看法和感受。

宣宣妈妈在听完孩子的叙述后,可以说:"你是怎样看待这个问题的?"然后,把时间交给孩子,做一个安静的倾听者。

当孩子在回答的时候,家长和老师不要急着去评判,"是呀,这件事是你不好呀","你怎么能这样做呢"。这样的评判无异于指责,也许你们解决到一半的事就这样"一朝回到解放前"。此时,你需要做的就是倾听,给予一些反射性反馈,如"嗯""是的",当孩子讲完后,可以鼓励他多说一些,如"还有吗""你还能再说一些吗"。

第四步,当孩子说完后,你可以进行一个归纳概括,将你所听到的反馈给孩子,并确认孩子的反应,同时表达你对这个问题的感受和看法。

宣宣妈妈听了宣宣所说后,可以说:"你感到生气,是因为你觉得很没有面子,你希望老师可以单独跟你指出。"当宣宣点头认可妈妈所说的之后,妈妈就可以表达自己的感受和看法。如果你有类似的经历,不妨在此分享。孩子会得到更多的关怀,不会觉得这样的糗事只是他在经历,而且会更愿意和你接着沟通。

在这里,我们需要注意的是,归纳概括孩子所说的话也是一种理解,但要认清的是,我们是在理解孩子,而不是就这样宽恕孩子了。

第五步,请孩子复述你所说的,可以表达他对你所说内容的感受,询问是否还有补充的内容。

第六步,向孩子致谢,如"谢谢你能与我分享你的想法和感受",然后和孩子一起头脑风暴,找寻解决问题的方法,定下双方都可以接受的解决方案并实施。

第七步,约定分享实施效果,给双方一个反馈。

三、实践与反思

宣宣妈妈尝试用"关注解决问题七步法"和宣宣进行了一次深入沟通后,欣喜地发现效果出乎意料地好,宣宣不仅意识到了自己的错误,还表示要向老师道歉,请老师看自己今后的表现,同时,宣宣也向老师提出了希望老师可以私下与自己言明自己的错误,她一定会积极改正。老师也接受了宣宣的建议。

不过这个方法在使用的时候,有两点细节需要注意:

首先,在使用这个方法的时候,作为家长和老师,我们必须先让自己的情绪保持在一个平和冷静的状态,遵循客观的原则。保持友善,保持关心,保持真诚,保持尊重。请切记,你是在和孩子一起解决问题,是要"赢得"他,而不是展现自己的威严去"赢了"他。

其次,对于一些家长和老师来说,说出孩子的感受,有时不是一下子就能做得到的,家长和老师需要做的是揣测、询问和确认。若是你说出的感受不太对的话,孩子很难相信你是想要和他一起好好解决问题的,而会觉得你不理解他。

赢了≠赢得,关注问题的解决,会让孩子成为更好的自己,在未来的社会生活中懂得合作的真谛。

第二十二讲　说什么＜怎么说

——积极高效沟通

当与孩子发生了冲突时,按照传统方法,家长总想"摆平"孩子,"说"得孩子心服口服。但其实,说什么并不重要,关键是怎么说。

一、案例呈现与分析

小敏写作业时看手机,妈妈看到后质问为何偷玩。小敏表示自己在与同学讨论题目。实际上,小敏是在用搜题软件抄作业。妈妈怒斥小敏抄作业,小敏却辩解说,看答案也是一种思考。两人就吵起来了,结果不欢而散。

在与小敏妈妈沟通交流的过程中,我发现双方冲突时有三个值得关注的现象:

第一,孩子明明做错了,可在妈妈训斥时,却总是找各种理由强调自己没做错。

第二,妈妈教育孩子时,只要妈妈声音提高八度,孩子也一定不甘示弱,同样"叫嚷"应战。

第三,妈妈提醒孩子的事,孩子是屡教不改的。双方的对话总是轮回进行,事情却没有从根本上解决过。

这让我们发现一个事实，那就是"说什么＜怎么说"，妈妈确实说得在理，可是没有选对正确的沟通方法，妈妈对小敏的错误行为进行了"质问"和"怒斥"，小敏自然就不会愿意听。现今的孩子已不是家长说什么就是什么，老师说什么就是什么了，他们更需要的是我们蹲下来和他们进行心平气和的对话。当"争口气"不能解决问题时，我们为什么还要纠缠于这样的"权力之争"呢？

这类家长与孩子的"冲突"，可以使用简·尼尔森正面管教的方法来"降温"。

教育目标不妨设为以下三点：

第一，运用"和善与坚定"的原则，尊重孩子。

妈妈的语气总是带有强烈的指责意味。孩子若狡辩，火力还会升级。这是想要"赢了"孩子，而不是"赢得"孩子，是不尊重孩子的做法。长期的"权威式"教育方法，也让孩子没有边界感，不知道"恶语"伤人心。

"和善与坚定"的原则，就是说家长讲话的态度是"和善"的，让孩子充分体会到自己是被尊重的，指出孩子的错误之处，双方回归到理性层面进行"坚定"的沟通，探讨解决方案。

第二，进行"爱的传递"，建立和谐的亲子关系。

小敏妈妈和孩子的对话没有"爱的连接"。妈妈的关注点在于"你做错了却不承认"，是"事情"层面上的；小敏的关注点在于"你总是批评我，我不高兴"，是"情绪"层面上的。妈妈没有看到孩子的情绪。

"爱的传递"就要求家长遵循正面管教中"先处理情绪，再处理事情"的原则，让双方在平和有爱的状态下进行交流，这样双方才可能将目光聚焦在如何解决问题上。

第三，以自己为示范，教给孩子正确表达情绪的方法，使孩子养成勇于承担责任、知错就改的良好品格。

孩子是家长的一面镜子，孩子的许多行为都是模仿家长而来的。"权威式"的责骂惩处只是在发泄。你可以生气，也有理由生气，但在解决冲突时，这无疑是在教孩子"叫嚷"着处理问题。

家长需要坚持"长期有效"的原则,放弃"惩罚""责骂"等短期有效却治标不治本的方式,训练孩子正确表达情绪的能力,让对孩子优秀品质的培养起到潜移默化的作用。

二、策略与方法

在家校共育中,我们常常使用"正面管教"的方法。这一套方法是指正向积极地去引导孩子,父母和孩子的交流是相互尊重的。孩子会学习到如何高效与他人沟通,学习到解决问题的良好技能。同时,对于家长自身也有很好的疏导作用。特别是在与孩子发生冲突时,这不仅可以帮助双方冷静下来,还可以使双方心平气和、带有"爱"的连接,从而解决问题。

这些教育目标的达成,可以采用以下做法:

1. 冷静自我,不要一上来就指责孩子

冷静自我,对于正在气头上的家长来说,并不是一件容易的事。可以先稍微压一下怒火,吸气然后慢慢吐气,让呼吸带给自己冷静的力量。一开始也许很难,因为身为父母,总是会急于纠正孩子的行为。你可以这样想:我压下怒火,是爱孩子的表现;我的目的是为了解决问题,不是和孩子纠缠谁该听谁的。渐渐地,你就会慢慢放下。

比方说,小敏的妈妈可以先控制自己的情绪,压下自己的怒火,不急着说出"你怎么在玩手机"这样的话。"怎样""怎么又……"这样的话是带有责备语气的,说话的人容易引发"冒火"情绪,听话的人也会感到很不舒服。

2. 可以与孩子进行一个"积极暂停"

当双方都火气十足的时候,是没有办法进行正常沟通的。此时,家长压下自己的火气后,可以平静而真挚地看着孩子,对孩子说:"现在我们不能继续沟通下去,因为你现在不在正常的情绪频道上,而我也有点生气,请你先回房间,我们过后再交流吧。"此时的暂停不是因为对孩子服软,而是对孩子和自己当下情绪的尊重。人有情绪是很正常的事情。如果一个人能够以尊重的态度对待自己,那么作为旁观者的孩子也会学习到这一点,你们都可以让自己有机会平静下来。

以上这两个步骤的目的是为了让家长和孩子都先降温,结束意气之争,变回理智的状态。心情好了,就能把事情做好。

3. 运用"我句式"诚实地说出家长自己的感受

当双方都回归理智状态,家长就可以用"我句式"(我感到_____,是因为_____,我希望_____)①平静地说出自己的感受。你在说自己的感受,同时也在教会孩子尊重自己的感受,正确表达自我。

平日里,不仅是小敏的妈妈,许多家长都采用了"权威式"的教育方法,一方面比较强势严厉,一方面又很担心孩子做错事,好像丢了只鸡,接着就会丢了一个养鸡场一样。家长如实表达自己的"担心""焦虑"等情绪,既让自己的情绪被看到,从而放松自我,又不会让孩子被坏情绪"传染"。如果孩子知道自己的情绪是可以说出来的,就不会用"愤怒"来掩盖"担心""焦虑"的情绪,利于沟通。

像小敏的妈妈就可以对孩子说:"我感到生气,是因为我担心你抄作业会影响学习成绩,我希望你能克服困难,自己完成作业。"这样的表达是真诚的,是具有"爱的连接"的。

4. 运用"你句式"(你感到_____,是因为_____,你希望_____)②说出孩子的情绪并确认孩子的真实想法。引导孩子用"我句式"说出自己的情绪,表达自己的希望

家长可以用"你句式",站在孩子的立场上,换位思考,解读孩子的情绪。比如

_____

① [美]简·尼尔森. 正面管教[M]. 玉冰,译. 北京:北京联合出版公司,2009.
② [美]简·尼尔森. 正面管教[M]. 玉冰,译. 北京:北京联合出版公司,2009.

小敏妈妈，就可以说："你感到生气，是因为你做错事被妈妈发现了，你其实也想自己做好作业，你希望可以凭借自己的力量做出题目来，对吗？"在这个步骤中，家长要做的就是给孩子的情绪找出发生的原因，可能不能马上找出来，但是多说几次，就是不断地共情，孩子也会慢慢说出自己的感受的。

"你句式"让孩子感受到自己是被接纳的。自己可以做错事，知错能改就好。情绪是没有好坏之分的，人产生任何的情绪都是可以理解的。当孩子的情绪被看见，他就会放下防御，开始关注事情本身的对错。

5. 请孩子思考解决方法

经过前几个步骤后，孩子与家长已经完全进入了理智思考状态，此时，可以邀请孩子自己来说出解决的方法。主动思考，会让这个方法在实践过程中更有效。

三、实践与反思

小敏妈妈反馈说，一开始，她自己会觉得有些难以开口，因为她总是想着：是孩子错了，为什么要我和自己的情绪去妥协。还有就是她会觉得这样说有些不好意思，好像变得不会说话了。但是，渐渐地，她发现这样和孩子说了以后，孩子的情绪就会逐渐平复，并且反抗的次数越来越少。这种方法不仅可以用于与孩子起冲突的时候，当孩子情绪低落需要关怀的时候也同样有效。

然而，正面管教的方法在运用时也会有一些不足之处：

1. 有时孩子的状态会反复

如果孩子与父母敌对太深，则需要父母多尝试几次，因为一开始孩子对父母仍然是不信任的，不相信你居然不按常理出牌，不与他相斗了。孩子会觉得是否你还有狠招在后，并且，在使用了一段时间后，有的孩子还会反复确认你的"诚意"。小敏妈妈反映，觉得孩子已经和她很交心了，但是过一段时间又反复了。孩子也需要适应，改变旧的模式。此时，家长要做的就是坚定地坚持，静待花开。

2. 正面管教虽然是个很有效的方法,但是这种管教方法与我们传统的"听话"教育的理念是相悖的,这对家长本人是不小的挑战

改变管教方式就好比学习一门新的语言。需要打破固有思维,有时需要完全颠覆原先的做法。同时,常常会有社会阻力,常常会有人解读为"纵容"。所以,耐心地"走自己的路"就变得很重要了。

积极高效沟通,我们需要懂得"怎么说"。

第三部分

掌握学习方法，提升思维品质

第二十三讲　探究学习真的是在浪费我们的时间吗？

古人云："学贵有疑。小疑则小进，大疑则大进。"从我国大力推行基础教育课程改革开始，探究学习就逐渐进入高中课堂，传统的课堂教学方式发生改变，教师和学生的角色也发生着改变。我们经常会听到家长抱怨，现在的老师在课堂上都不怎么教学生知识，不是让学生自学就是搞什么探究学习，孩子学习时间都不够，哪有什么时间搞探究，老师不好好教书本知识，孩子课堂学到的知识少，成绩没保障，只好让孩子去辅导机构"补功课"，真是愁死人了。

在这样的情形下，我们难免感到担忧，但又对此充满疑惑：学校真的就这么纵容老师不好好教课？如果探究学习是在浪费高中生的时间的话，为什么还要坚持搞下去？面对这一系列疑惑，我们需要对"探究"有一个基本的了解。

一、何为探究？

"探究"，从字面意思来看，即探索和研究。美国学者韦尔奇曾把"探究"一词解释为："探究是人类寻求信息和理解的一般过程。"探究，有广义和狭义之分，尤其是在对象和方式上有着很大的差异。我们通常将"探究"理解为科学层面上的探究，或者把其作为科学研究的一种方法或途径，这是我们对探究的一种狭义的理解。从广义上来理解"探究"一词,探究就成为一种独立解决问题的思维方式。美国芝加哥大学教授施瓦布(Joseph J. Schwab)于1961年在哈佛大学所做的报告《作为探究的科学教学》(*The Teaching of Science as Enquiry*)中首次提出"探究学习"这一词。

施瓦布对"探究学习"曾做如下解释:"探究学习是指这样一种学习活动:儿童通过自主地参与知识的获得过程,掌握研究自然所必需的探究能力;同时,形成认识自然的基础即科学概念;进而培养探索世界的积极态度。"总的来说,就是让学生在掌握科学知识之际,获得探究的能力,形成科学态度。但在探究学习的过程中,很容易将这种学习方式限定在自然科学中,从而限制其在学科教学中的广泛使用。我们对"探究学习"的理解不能局限于某一狭隘的范围,"探究学习"实际上是学生在教师的指导下,通过模拟科学探究的方式为获得科学素养而展开的一种学习活动。

二、案例呈现与分析

在高中会考和高考的压力下,学校、教师、家长、学生,哪个没有压力?正是在这种压力之下,学生接受现成的知识比在探究过程中掌握知识来得更快,所以家长们难免会期望教师能在最少的时间内尽可能多地教学生知识,但这种教师单向教的传统方式并不意味着课堂效率就高,也并不意味着学生就能够掌握更多的知识。接下来,我们以高中语文课文《鸿门宴》为例,对传统教学与探究学习这两种导入新课的不同教学方式进行分析。

传统教学方式下导入新课《鸿门宴》:

老师:同学们,今天我们来学习《鸿门宴》这篇课文,在学习课文内容之前,我们先分组讨论大家对项羽的认识,然后每个小组选一个发言人来回答。

当老师为了引起大家的学习兴趣而主动抛出一个问题时,学生在小组谈论时通常有以下的反应:

毫无准备型的学生："又要讨论,我对项羽不是很了解,我都没怎么预习,不知道说什么呀,我听你们讲吧。"

知识渊博型学生:在小组讨论时谈论自己的看法与理解。

课堂旁观型学生："又问问题,不知道说什么,我们聊会儿天吧,等着其他组的人说了我们再随便说说。"

······

不同类型的学生,面对老师抛出来的问题会有不同的反应,有积极主动参与课堂的,也有消极参与课堂的。在这样的情形下,老师更多的是传授学科知识,并没有很好地调动大家学习新课的主动性。

采用探究学习方式来导入新课《鸿门宴》:

老师:同学们,今天我们来学习《鸿门宴》。上一节课结束前让大家通过查阅文学、影视作品等资源的方式对项羽有一个基本的了解,接下来我们通过几个问题,来探讨一下项羽到底是一个什么样的人物。

老师:我们可以小组分享你们所查阅整理的资料,并围绕"你看了哪些影视作品或者文学著作?这些作品中的项羽是个什么样的人物?""司马迁笔下的项羽是一个怎样的人物形象?""你是从哪些方面评价项羽这个人物的?"等问题展开讨论。

案例分析:

通过这两个不同教学方式的对比,我们可以发现,整节课的教学重点还是文言文字词、句式以及对课文内容主旨的理解,并达到熟练背诵的程度。在采用探究学习方式导入《鸿门宴》这一新课的过程中,学生在教师提出的一系列环环相扣的问题情境下,主动经历表达问题、提出问题、探究问题、讨论问题的过程,教师一步步引导学生对项羽这个人物得出客观全面的评价,锻炼了学生通过科学的方法分析原始资料,对人物作出科学客观评价的能力。与此同时,教师也在有意识地培养学生三个层面的技能:一是期望学生能够通过探究学习运用科学的方法自主经历对项羽这个人物了解的生成过程;二是通过探究学习,让学生在已有资料的基础上进行筛选整理,培养学生对相关知识进行科学分析、概括的能力;三是在探究学习的过程中,让学生主动参与对项羽这一人物特点进行探究的过程,培养学生主动探究问题或事物的兴趣与能力。

虽然高中生经历评价项羽这一人物的探究过程比老师直接告诉学生项羽这一人物特点耗时更多,需要学生投入大量的精力,但这一探究过程充满挑战性,很容易调动高中生对新课内容的学习与理解产生兴趣,使他们对知识有更深的印象,所学到的内容不再受限于课本,无形中锻炼了学生科学分析的能力。总的来说,探究学习所体现出的主动性、问题性、开放性、生成性和创造性这些特点,让学生可以从大量的科学知识、概念和原理的接受学习转向在学习大量知识的同时,参与到科学知识的研究过程中,让学生在掌握科学知识的同时获得探究能力,形成科学的态度。

三、实践与反思

亚里士多德曾说:"人的思想是从疑问开始的。"大量的理论和实践研究表明,与传统的传授学习相比,在探究学习过程中,能力的培养和知识的获得同样重要。探究学习可以发挥学生的主体性、主动性、积极性和创造性,让学生通过观察、实验、调查、论证等探究方法,科学收集相关信息并进行信息处理,在这一过程中获取知识并增强科学探究能力。

探究学习作为一种学习方式,并不受限于科学课程的学习,它适用于很多学科的学习。探究学习从问题或任务出发,根据探究问题或任务的性质,可以分为研究型探究和设计型探究两种类型。研究型探究主要包括观察、调查、文献研究、模拟、实验等类型,而设计型探究包括技术设计、形式设计等类型。不同类型的探究学习在学生获取知识和发展技能上发挥着不同的作用。其中,观察是一种普遍的学习方式,几乎适用于所有学科。在语文、英语、政治、历史等文科类学科中多采用调查、文献资料搜集整理和场景模拟等方法,尤其是英语听力中常使用情境模拟。而数学、物理、化学、生物、地理等学科多借助各种模型和实验,例如借助实物模型、符号模型和数学模型等进行探究学习,通过演示性的实验以及亲自参与实验来帮助学生理解基本的科学原理。

在当今的信息化社会,知识的传授不再局限于课堂,教师也不再是知识的代名词。尽管我们仍然需要学校、仍然需要教师向学生传授科学知识,但知识的传播方式已然发生改变,传统的教学方式难以跟上知识的更新速度,高中生靠单一的逻辑思维难以消化理解大量的知识,因此改变长期以来被动接受学习和机械训练的状况就显得尤为重要。探究学习对于培养学生的自主学习能力和实践应用能力具有更好的效果,不仅有利于学生内化所学知识,而且还有利于素质教育的发展,在课堂上让学生成为知识探究的主人,激发学生的主体性,培养学生科学探究的能力,有利于培养学生的创新意识,这也是终身学习社会所必需的。

第二十四讲　层层递进,辨析为重

——概念学习

研究者普遍认为,概念代表着一类具有共同属性的事物、事件、行动或关系,而且可以用一个特定的名称或符号来表示。概念是思维的基本单位,是认识的起点,是建构人类社会的基础。

在各个学科中,新知识的学习往往伴随着对概念的认识。因此,概念学习是学生必须要掌握的。概念学习是通过对概念属性的辨认、识别和类化,来辨别正反例的。当学生快速、准确地区别出一个概念所有的正反例时,那么就说明他学会了这个概念。

一、案例呈现与分析

在高中思想政治教学中,有很多概念出现。我们可以通过对课堂案例的分析,总结出学生概念学习的方法。

以下课例中,师生是通过以下几个步骤来学习商品这一概念的:

首先,老师在屏幕上展示几个问题供学生思考:①在日常生活中,我们需要什么?②教师上课、学生听课又需要什么?③怎样才能得到这些东西?④我们所需要和使用的东西都叫商品吗?进而引出主题——商品。接着,老师又列出一些物品,让学生判断以下哪些是商品。第一种:自然界中的阳光、水和空气;第二种:一些国家把从普通空气中提炼出来的新鲜空气装入密封的罐子中;第三种:市场上出售的罐装空气、瓶装矿泉水。学生在进行自我判断与理解后,老师给出商品的定义:能同别的产品交换的产品就是商品。随后,让学生再次对这些物品进行辨认。第一种不是商品,因为它既不是劳动产品,也不用于交换。第二种也不是,因为它虽是劳动产品,但没有用于交换。第三种是商品,因为它既是劳动产品,同时又用于交换。这时,教师就可以与学生一起进行总结——商品须具备两个条件:第一,它必须是劳动产品;第二,它必须拿到市场上用于交换。继而进行概念解释。商品必须具备两个重要条件:第一,凡商品必须是劳动产品;第二,劳动产品必须用于交换。商品是用于交换的劳动产品。以上是概念的引入阶段。

在概念引入之后还需要学生巩固概念,对新的内容进行辨别,这样才能确定学生彻底清楚了这一概念。例如:①端午节赠送给亲友的粽子、水果;②古代农民交给国家的赋税;③拍卖行拍卖的名人字画;④假冒伪劣产品;⑤超市货架上待售的饼干;⑥农民自产自销的粮食;⑦饭桌上从菜场买来的蔬菜。学生在明确了概念之后,可以辨别出①②④⑦不是商品,而③⑤⑥是商品,并依据概念给出自己的理由。

学生在学会这一概念之后,仍避免不了将此概念与相似的概念混淆。因此,老师此时又设计出商品与其他劳动产品、其他非劳动产品的习题进行比较,分析差异和联系。这节课结束之后,学生的课后作业显示出他们对商品这一概念的反应迅速而又准确。

二、策略与方法

根据师生在课堂中的概念学习情况,我们可以得到如下概念学习的策略:

1. 猜测概念含义

在接触一个新概念的时候,我们往往会先在心里形成一个自我理解。这个自我理解是模糊的、不确切的。但是这种模糊的、不确切的理解对新概念的学习是有益的。当自我理解与概念一致时，我们更容易对新概念进行学习；当自我理解与概念相悖时，我们可以利用这种认知冲突引起学习注意，加深对新概念的理解。例如：对于商品这一概念，很多人的第一反应是在超市买的东西是商品，我们就可以总结出商品需要用钱来交换，得出商品必须用来交换；有的人也可能认为买回来的商品送给别人，也是属于商品，这时候就与商品必须用来交换这一特征相悖，在引进概念之后可以加深对这一概念的理解。

2. 引入概念定义进行验证

定义是学生了解概念的桥梁，它能够根据概念的相关属性来解释概念的意义。所有的概念都可以根据相关属性来定义。概念的定义，帮助我们在已有的知识与新知识之间建立起桥梁，因此在概念学习中非常重要。完整的定义不仅包括概念的名称、概念的相关属性，还包括联结相关属性的词语。定义的中心是概念的相关属性。例如，商品的定义是能同别的产品交换的产品。因此，商品的属性为能够交换，且为产品。这就意味着不用来交换的、没有人力劳动的产品不是商品。因此，我们就能判断在超市购买的产品是商品，而大自然中的空气不是商品。通过对定义的学习，我们可以更好地理解商品这一概念。

在第一阶段对概念理解后，我们可以通过概念的定义来学习概念的属性和特征，完善之前的模糊理解，剔除之前的错误理解。

3. 正反例辨析

在学习了概念的定义之后，学生不一定真正懂得了概念；有人懂得了概念，却无法说出概念的相关属性。因此，需要大量的正反例来帮助学生辨析。正例是概念集合下的成员之一，具备概念的所有相关属性；反例是指背离概念的一个或多个相关属性的例子，不属于概念的成员。

例如，学生知道商品的定义是用来交换的劳动产品，但并不能判断送给别人的礼物算不算商品；有的人知道超市买来的水果属于商品，但却不明了商品的相关属性。为了加深对概念的理解,我们需要借助正反例来检测自己的认识。例如,可以辨析出端午节在超市买来的粽子属于商品,而送给亲朋好友的粽子不是;农民自产自销的蔬菜属于商品,而自己种自己吃的蔬菜不是。在经过大量的练习之后,我们能够修正错误,提高理解的精确度。

4. 相似概念辨析

通过正反例辨析,学生理解了这一概念。但是,这并不代表着学生遇到相类似的概念之后,不会弄混。例如,学生能够通过正反例来辨别是否是商品,但是却不一定能区分出商品、其他劳动产品、物品、非劳动产品的物品。这几者之间既有区别,又有包含相交等关系。因此,相似的概念辨析在概念学习中是非常重要的。我们在概念学习的后期,一定要注意利用相似概念的辨析,进行更深层次的区分与理解,以提高理解概念的速度和准确度。

三、实践与反思

在使用上述的策略之后,我们还需要关注到:

第一,概念含义猜测、概念的定义、正反例辨析、相似概念辨析是缺一不可的,循序渐进的。概念含义猜测与概念定义的介绍是概念学习的基础阶段,学生通过这一阶段对概念产生一定的认识;正反例辨析和相似概念辨析是概念学习的进阶阶段,学生通过这一阶段对所学概念进行全方位的认识、理解和掌握。

第二,在布置正反例辨析、相似概念辨析的练习时,宜小而精。大量的练习只会消磨学生的兴趣,增加他们的负担。在设计辨析题时,要紧扣概念的关键词变换题目。

第二十五讲　我自己能学得好

——自主学习

经过小学和初中阶段的学习,高中生已经具备了自主学习的能力。但是由于教师的不放手和学生的依赖,造成了部分教师在教学中每一步都要对学生进行指导,很多学生只依靠教师的指导去学习,而不愿意过多地去尝试。这样的现实情况不利于学生自主学习能力的发展,也不利于其创新精神的培养。

学者们对自主学习的概念进行了不同的界定。钟启泉等从学习过程的角度把自主学习视作一种导向、调节的学习方式;靳玉乐强调,如果学生能够自我调控整个学习的过程,那么他的学习就是自主的。笔者认为自主学习是学生有自学的心向、方法、能力,并且能获得知识的学习方法。简单来说,就是学生有想自己学、会自己学、能自己学并且能够学得好的心态和行动。

一、案例呈现与分析

小勇是一名高二学生,他活泼开朗,学习成绩在班级中一直处于中等。在学习上,他的主动性不强,学习兴趣不高。每次遇到难题,他的第一反应就是寻求教师、同学和家长的帮助。有时他遇到自己会做的题目,也会出现不自信、不敢去尝试而转求他人帮助的情况。遇到困难的时候他总是在空想,担心自己做不出来会怎样,而不会主动地面对困难,想出解决办法。上课时,他常常会出现注意力不集中、思维不活跃等情况,也不能将所学的知识运用起来。由于他的知识基础一般,因此在思考过程中也常常会出现问题,做题效率低。

在英语课上,教师布置任务让大家独立阅读课文,对课文进行分段后归纳出段落大意。小勇看了不到一分钟就开始举手向老师请教,老师回答了他的问题。又过了半分钟,他又开始跟同桌交流起来。后来老师问他为什么不自己看,非要和别人交流,他的理由是不确定第四段到底属于第二部分还是第三部分。老师告诉他,大家的想法会在思考结束后共同交流,小勇却很不高兴。他觉得如果这个问题不解决,他进行不了下一步,没办法找到问题的答案。

从以上的案例来看,小勇没有自主学习的心向、方法、能力,也不相信自己能解决好。在看到问题之后,他没思考几分钟,就立即开始向老师求助。而老师在听到小勇的求助后,马上给了他回答。接下来小勇遇到问题,也是立即找同桌商量。最后小勇还是不相信自己能够解决问题,导致自主学习的失败。

从与教师的交谈中我们了解到,在日常教学中学生的自主学习能力已经有了一定量的训练。通常在学习一篇新文章时,教师都会要求学生进行分段和分层。但是大多数时候,都是教师告诉大家文章可以分成几段,再带领全班同学一起讨论每段的意思,很少会让学生独立地分段和归纳。学生遇到困难,第一反应是找老师求助,老师听到学生的求助也是立马回应。久而久之,就造成了许多学生的自主学习能力薄弱。那么,如何才能培养学生的自主学习能力呢?

二、策略与建议

新课程改革要求变革学生的学习方式。教师要积极引导学生开展自主学习,培养学生良好的学习品质,提高其学习效率。笔者引导学生从以下几点逐步培养自主学习能力:

1. 我想自己学——教师鼓励学生自主学习

长时间的教师讲、学生听的课堂模式,使得学生的思维有了惰性。因此,教师首先要解决的是帮助学生逐步消除这种思维惰性,鼓励他们自主学习。研究表明,平等、积极的课堂氛围能激发并保持学生的学习兴趣,促进他们的自主学习。教师如果能够创设积极的课堂氛围,就等于为学生的自主学习铺设好了一半的路程。因为积极的课堂氛围可以促使学生对整个学习过程都充满兴趣,让学生主动参与到整个教学过程中来。教师在课堂里,应该多对学生使用肯定和鼓励的语言,告诉学生自主学习是可以进行的,遇到问题是正常的,困难是可以克服的。从案例中我们可以看到,小勇是一个极度依赖老师和朋友的人,教师可以在课堂中创设积极、宽松的课堂氛围,并且多鼓励小勇自己处理问题。

教师还要激发学生的自主学习动机。在这一阶段,教师可以提出以学生目前的知识水平不能回答,但是通过自学相关内容就能明白的问题。通过让学生感受到自己在某些知识领域有欠缺,要想回答这个问题需要更多地了解关于这一领域的信息,以激发学生的求知欲。也可以联系学生的实际生活,设计出让学生感觉模糊不清且有趣的问题。例如,在化学课上,教师可以通过介绍日常生活中的两种生活用品的化学性质,提问像小勇这样的学生这两种生活用品反应后会发生什么,为什么,以激发学生的好奇心,促使他们积极主动地进行思考。

2. 我会自己学——教师指导方法

在学生有了想要自己学习的心向之后,教师怎样才能帮助他们保持这个心向,推动学生进行自主学习呢?答案是不言而喻的——教师需要指导学生自主学习的方法。学生掌握了自主学习的方法,意识到“我会自己学”,那么将促进他们自主学习习惯的养成;反之,如果学生不掌握自主学习的方法,在学习的过程中遭到挫折,他们自主学习的积极性就会逐渐消磨殆尽。

在进行自主学习前,教师应该要求学生做好学习准备,尝试为自己的学习做规划,包括学习目标、学习计划、学习步骤和学习时间等。在进行自主学习的过程中,教师要提醒学生记录学习的每一步,并且对学习过程进行观察,使得自主学习一直保持在既定的轨道,朝着特定的目标进发。学生通过对自己每一阶段学习的观察,不断反思学习过程,自我监控。在学习结束后,教师引导学生对学习的结果进行检查、评价和修正。教师要注意转变观念,对自己进行正确的角色定位。在指导学生自主学习期间,教师不再浇灌和填充学生的大脑,而是担任指导者、促进者、参与者的角色,学生是自主学习的主人。

例如,在历史教学中,教师可以让小勇自学第一次工业革命。教师要帮助小勇确定学习的目标是了解第一次工业革命的始末和意义,在课文中找出第一次工业革命的重要时间节点,总结出其革命的意义,学习步骤可以是通读文章进行细节理解和总结,学习时间可以是 30 分钟,等等。

3. 我能自己学——加强应用训练

在传统教学中,教师往往将知识和思考过程展示给学生,学生被动地听课。我们要认识到,学生不仅仅只是知识的接受器,他们应该要主动去探索和发现知识,按照自己的学习方式去学习,并且应用所学知识去解决问题。

教师在指导学生自主学习后,还需要让他们对学习方法不断地试错、运用,直到找到最适合自己的方法。在学生进行学习方法的运用时,教师要及时发现学生的问题并指导其对学习方法进行调整,以求找到最适合自己的学习方法。

例如,在自主学习数学时,即使小勇知道了自主学习的方法,他在应用的时候也会出现各种问题。这时,教师就要鼓励小勇不断地对自主学习的方法进行变换,根据主题与思路的不同来进行调整,帮助小勇真正做到"我能自己学"。

4. 我能学得好——提高学生的自我效能感

如果学生在学习过程中取得了连续不断的成功,那么他们就会对学习产生持久的学习力。在自主学习中,亦是如此。教师在帮助学生进行自主学习时,要注意由易到难,循序渐进。要确保学生在一开始进行自主学习的问题是简单的、容易操作的,提高他们的自我效能感。如果教师一上来就给学生提出很难的问题,那么他们的积极性会受挫,恐惧心理也会出现。在学生自主学习取得成功时,教师要及时给予肯定和鼓励,提高学生自主学习的积极性。通过教师的指导与鼓励,学生会更加感受到自主学习的自由和乐趣,产生"自主学习是一种乐趣"的情感体验。

针对小勇的情况,教师应该在开始时就给他提供其最近发展区之内的问题,让其通过一定的努力就能够做到。小勇发现自己能够自主学习,并且感受到自主学习的乐趣后,必然会促进自主学习习惯的养成。

三、实践与反思

经过长时间的反复训练,包括小勇在内的班级大多数同学都能够做到自主学习。但是在实践中,还有两点需要我们注意:

1. 教师要舍得放手

部分教师觉得学生无法自主学习,因此一直都对自主学习保持怀疑的态度。有的教师在学生自主学习期间不断进行干预,或者看到学生在自主学习中没有取得好的成绩而中止了对学生自主学习习惯的培养。我们应该认识到,自主学习能力是新时代每个人都应该具备的能力,而此种能力的培养是需要耗费时间和精力的。罗马不是一天建成的,自主学习的能力也需要长时间的训练才能培养出来。教师要舍得放手,提高学生的自主学习能力。

2. 教师要鼓励学生独立自主

从"听老师讲"到"我自己能学好"就好比一个人从"爬"到"飞奔"的过程。在这个过程中,学生的不适感是会出现的,教师要不断鼓励学生。当他们得到持续不断的成功体验,感受到自主学习的乐趣后,自然会越学越好。

只要教师和学生坚持从"我想自己学""我会自己学""我能自己学并且能够学得好"这几个方面去努力,我们坚信学生一定能够享受到自主学习的自由和快乐。

第二十六讲　众人拾柴火焰高

——合作学习

　　"独学而无友，则孤陋而寡闻。"这句出自《礼记·学记》中的话告诉人们，如果学习过程中缺乏学友之间的交流切磋，就必然会导致知识狭隘、见识短浅。新课改倡导的新型学习方式——合作学习，有助于学生在学习中找到学友，提高自己。

　　合作学习是指"学生在小组或团队中为了完成共同的任务，有明确的责任分工的互助性学习"[①]。它有三种类型：同伴之间的互助合作学习（如课堂中同桌之间的合作学习、课余时间好朋友之间的合作学习等），小组合作学习（如课堂中的小组讨论学习、研究性学习、兴趣小组学习等），教学活动过程中全员性的合作学习（又称合作教学，如班级授课过程中的讨论学习、角色扮演活动等）。[②]　在课堂上常见的合作学习是小组合作学习。小组合作学习常见的表现形式为学生被分为几组，每个小组针对特定的问题或任务进行讨论合作。

　　在课堂中，有的合作学习是全员参与的，能产生高效的学习方式；而有的合作学习中，组员之间互相推脱，消极对待问题，大大降低了课堂效率。如何高效地利

---

① 王坦.合作学习论[M].北京：教育科学出版社,1994：18.
② 王鉴.合作学习的形式、实质与问题反思——关于合作学习的课堂志研究[J].课程.教材.教法,2004(8).

用合作学习,提高学生的协作能力,是课堂中亟待解决的问题。

一、案例呈现与分析

人教版高中英语必修 5 Unit 2 的阅读部分为 Puzzles in geography。某高中英语老师在学生认真读完文章之后提出了一些问题。问题的内容是:

① Which countries make up the UK?

② In the 13th century，What happened in UK history?

③ In the 17th century，What happened in UK history?

④ What does *conflict* mean?

⑤ How do you find its meaning?

⑥ In the early 20th century，what happened in UK history?

⑦ What do *unwilling* and *break away* mean?

⑧ How do you find their meanings?

⑨ Where can you use this method to guess meanings of new words?

⑩ What are relations among these four countries?

⑪ England is the largest of the four countries and is divided roughly into three zones, can you draw lines across in this map and find out their differences?

⑫ What makes London the greatest historical treasure?

⑬ What did the four invaders leave for England?

⑭ In which way can people make their trip to the United Kingdom enjoyable and worthwhile?

在问题展示出来之后,学生在限定的 5 分钟内前后左右 4 人一组进行合作学习。在合作学习期间,有的小组讨论得热火朝天;有的小组是一两个人占据了主导地位,其余的人没有参与;有的小组是全员不讲话;还有的小组讲的内容根本就与问题无关。老师对纪律不好的小组进行了警告。5 分钟的合作学习结束后,一些小组早早地完成了问题,而有的小组甚至只完成了一半。在小组汇报时,有的小组出现了抢答的情况,而有的小组出现了互相推诿都不作答的情况。从课堂观察的情况来看,合作学习展开的效果一般,学生的参与程度不高,协作能力与解决问题的能力也没有得到提高。

事实上,从最开始的问题展示中我们就能看出问题所在。合作学习是为了解决问题,而展示的这 14 个问题里,有一大半都可以在文章中直接找出答案,剩下的可以理解后进行作答。这些内容都是学生可以进行独立思考与回答的,根本就不需要合作学习。在分组方面,学生直接利用地理位置,前后左右地进行小组合作学习,这也是不科学的。仅仅通过这样的地缘关系进行小组划分,忽视了学生之间的学习能力差异。在小组合作学习的过程中出现的热火朝天、互相不理睬、说闲话,汇报时出现的争相报告或互相推诿,表现出组内的分工合作不明晰以及讨论的氛围也不够浓厚的问题。

老师也很苦恼,她的出发点是让学生解决问题,增强合作意识,但是现实却不尽如人意。合作学习在课堂教学中的重要性不言而喻,那么教师应该如何做,才能促进学生的合作学习呢?

二、策略与建议

想要学生在合作学习中解决问题,体会到合作学习的乐趣,教师必须采取措施帮助学生顺利进行合作学习。

1. 异质分组,取长补短

案例中座位前后左右组成小组的方式是不合理的。合作学习中的小组不能是教师任意分配的,也不能让学生自愿组合。老师应该采用异质分组方式——各组员的学习水平、学习风格、性别有一定的差异性,以取长补短。但是要注意,各组之间要保证是同质的,也就是组内异质、组间同质。另外,异质分组的人数应适当,人数太少会导致无法按时完成讨论任务,人数太多又会造成任务无法“均分”,

降低组员的参与度。因此,在进行异质分组时,教师要根据合作任务来确定合作的人数。

2. 培养合作意识,明确合作学习的规则

合作的目的是小组人员协同完成任务。在合作学习中,整个团体通力合作是非常重要的。学生的合作意识与合作能力会直接影响合作学习的效果。因此,在课堂教学中,要向学生强调合作的重要性,培养学生的合作意识。老师要帮助学生理解合作的意义,小组中的每一个人都扮演不同的角色,所有组员通力合作,才能取得最好的效果。合作学习离不开人际交往,教师要注意训练学生人际交往的技能,培养他们团结互助的好习惯,促进合作学习形式的多样化。

在合作学习中,往往会因为学生不知道如何进行合作或者个别学生垄断了整个小组的发言,造成合作学习效率的低下。针对此种情况,教师必须制定合作学习的规则。其中,为每个组员分配角色,例如汇报员、记录员、监督员、管理者等,是有效的办法。每个学生在合作学习中都扮演自己的角色,各司其职,这样合作学习的效率会大大提高。

3. 明确合作的问题与步骤

合作学习的目的是大家通过讨论提出解决问题的办法。许多教师在设计合作学习的问题时,出现了问题设计简单与讨论步骤不清楚的情况。案例中的老师提出的这 14 个问题,学生完全可以凭借自己的能力在文章中找出答案。这样的问题没有深度,也没有讨论的必要。在对文章细节进行了解的环节中,合作是完全不需要的。在 Unit 2 的 Puzzles in geography 中,如果老师在课堂的结尾提出:"How can we introduce a country next time?"学生就能根据当节所学知识进行讨论和总结。当教师对合作学习的指令不明确时,学生们在合作学习中会出现混乱甚至偏离主题的情况。教师还需让学生明确合作学习的问题、方法、步骤。学生知道自己将要做什么、怎么做,小组合作学习的效率自然会大大提高。

4. 教师适时干预

有效的合作学习需要教师进行有效的指导和干预。在明确合作学习的规则、问题与步骤的前提下，学生在进行合作学习时，还会出现各种状况。要想合作学习取得良好的效果，教师必须进行适时有效的干预。在学生进行合作的过程中，教师要走进各小组，发现他们的问题，提醒他们遵守规则，进而提高合作学习的质量。如果教师放手让学生去合作，那么外向、能力强的学生就容易占据主导地位，而内向、能力弱的同学的参与度就会下降，不利于学生的共同进步。

5. 引进适当的竞争机制

竞争带来发展。在合作学习中引进竞争机制，每个小组都会有竞争的压力，这样组员之间的合作就会更加紧密，形成"组内相互合作，组间相互竞争"的局面。老师可通过限时和对优先组进行表扬的做法，将小组合作学习的成果作为评判的标准，促进学生增强集体荣誉感，激励他们进行合作，使他们获得成就感。当组内有同学不遵守规则或不在状态的时候，小组的其他同学一定会督促他，保证所有组员都积极参与到合作学习中。

三、实践与反思

"众人拾柴火焰高。"合作学习就是学生个体在小组中发挥出自己的优势，贡献出自己的力量，与组员相互合作，集结集体的智慧共同解决问题的过程。

教师在引导学生进行合作学习时还要注意以下两点：

首先，一定要确定合作学习的主题是可以进行合作的，并且凭借团体的力量是能够有所收获的。

其次，合作学习中要处理好教师干预与学生讨论之间的关系。在学生合作出现问题的时候进行干预，同时强调学生的力量，淡化教师的作用。

如果教师在课堂中善于引导学生进行合作学习，知识的火焰必然会越燃越旺。

第二十七讲　自主学习的抓手

——抛锚式学习

锚一般指的是船锚,是锚泊设备的主要部件,是确保船舶安全必不可少的设备。抛锚是指将锚投入水中使船或其他水上浮动工具泊定。顾名思义,抛锚式学习是指像轮船被锚固定一样地学习,是要求学生在真实有感染力或者有真正问题的基础之上,通过互动、交流、思维的碰撞,凭借自身的主动学习、亲身体验,完成整个学习过程。而其中的真实问题或者事例就可以被看作是"锚",建立和确定这些事件或者问题就可以被形象地比喻为"抛锚"[1]。

一、案例呈现与分析

以下是某高中思想政治老师"储蓄存款和商业银行"一课的教学过程[2]:

创设情境:李老汉夫妇膝下无子女,为支援国家建设,房屋被拆,获得拆迁补偿款 70 万元,老两口日夜担心身边的巨款和金银首饰等财物。

提出任务:

---

① 缪爱琴. 高中政治课抛锚式教学模式的运用研究[D]. 苏州:苏州大学,2013.
② 缪爱琴. 高中政治课抛锚式教学模式的运用研究[D]. 苏州:苏州大学,2013.

① 请你为这笔拆迁款提出不同的使用方案,并给出解释。

② 选择最适合李老汉夫妇的方案,并给出具体实施方案。

③ 李老汉夫妇的金银首饰又该何去何从?

研究方法:全班同学划分为若干学习小组,小组内选好记录人和负责人。小组讨论,查找资料,银行实地考察等。

活动过程:

情境一:"指明路"

各学习小组准备好方案,必须综合考虑李老汉夫妇的基本情况,设身处地地为李老汉夫妇出谋划策,既能保障拆迁补偿款的安全,又能方便日后的提取使用,为他们指明路。

学习小组提出了把钱借人、买债券等建议,教师此时必须发挥导向作用,运用生活中的经历和以后要学的知识,简要分析此类方案的不足之处。大多数学习小组都建议李老汉夫妇把钱储蓄起来。学生经过实地考察后,课堂参与度明显变高,通过该情境引导学生了解储蓄存款的含义,并让学生通过调查了解我国的主要金融机构。

情境二:"算细账"

假设李老汉夫妇采纳了我们的意见,计划把钱存入当地的农业银行,可是当他们看到大厅的银行利率表后傻眼了:该怎么存呢?

学习小组必须给李老汉夫妇设计一个合适的储蓄方案,使他们既能保障日常开支,又能通过储蓄获得一定收益。学生要完成此方案的设计,必须先了解储蓄存款的两大类型和特点,掌握利息的含义及计算方法。学生通过自主学习,在了解书本知识的基础上,经过自主计算给出合理方案。学生也在自主计算的过程中深刻理解了利息的计算方式,既解决了本课的一个难点,也使学生知道了合理理财对于幸福生活的重要性。

情境三："放宽心"

李老汉夫妇从银行出来后,又产生了一系列的问题:第一,银行会把我们的钱拿到哪里去呢? 第二,我们怎样才能快速掌握钱的动向呢? 第三,我们的金银首饰能不能也存进银行呢?

学习小组结合书本知识和平时的生活积累,很快就给出了三个答案:

发放贷款等,开通手机短信,申请保险箱服务。

通过本情境探究,学生了解到了商业银行的主要业务。

活动结论:全班学生通过自主学习、合作探究,对公民的储蓄存款和商业银行的业务有了深刻的认识,并且在学习中提高了实践能力。

该教师在创设教学情境时,注重真实性与时效性,尽可能从最新的时政热点中选取事例,在"储蓄存款和商业银行"一课中,通过真实案例"老李的烦恼"展开,通过对"锚"的层叠铺开,让学生在真实的情境中,自主建构关于储蓄的知识,实现知识建构。该教师注重学生对知识的自主理解,引导学生将新知识与原有知识进行联结,将所学知识的不同部分进行联结,教师并没有直接告诉学生书本上的知识,而是提前让学生去银行实地考察,让学生在真实的情境中体会知识,将知识融于现实生活中。该教师善于搭建脚手架,在"算细账"情境中,学生对于金融知识了解粗浅,教师在关键时刻及时提供帮助,介绍利率、利息等计算知识,帮助学生顺利完成这一环节的内容。该教师不仅擅长运用书本中的案例,还会根据学习的主要内容设计类似问题与拓展性问题,让学生围绕学习的主题展开深层次的学习与思考,使得学生在这个环节能够顺利迁移知识,做到学以致用,真正地内化知识。

二、策略与方法

抛锚式学习对教师的要求较高,同样对于学生的要求也很高。教师要组织"有感染力的真实事件或是真实问题"开展教学,应该创设合适的情境,确定问题,选"锚"、抛"锚",并给予学生适当的反馈,教师是引导者与合作者、学习的好伙伴;学生则要自主学习与合作探究,在这样的过程中寻求问题的解决。抛锚式学习对于培养学生的自主性与创造性,增强学生的合作意识与能力是大有裨益的。

可以看出,抛锚式学习相较于传统的学习方式,在学习态度、自主学习能力、合作能力、人际交往能力、基础知识掌握以及知识迁移等方面都有十分重要的影响。抛锚式学习能够激发学生的学习兴趣,真实的情境能够让学生身临其境,感同身受;自主探究能够培养学生的自主性,对于良好的学习习惯和思考习惯的培养也是大有裨益的;学生在抛锚式学习中齐心协力,在讨论中思维碰撞,表达自己的见解,这样的勇气与创造性在人生发展中是无比珍贵的。

抛锚式学习主要有六个环节:

① 教师先创设情境,学生进入情境中;

② 学生确定问题,建构探究目标;

③ 学生自主学习,探究问题;

④ 学生协作学习,解决问题;

⑤ 效果评价,不仅仅是教师的评价,还有小组评价;

⑥ 知识迁移,学生能够综合各类知识并进行迁移与创新。

教师在组织学生进行抛锚式学习时,应关注很多细节。比如在分组时,可以选择自主分组、固定分组、混合分组以及基础小组等方式;在创设情境时,应挑选合适的案例进行展示,不仅确保真实,还应是有趣的,是学生生活里触手可及的;教师在进行指导时,要注重方法与艺术,把握学生对知识的掌握程度,适时指导;在评价时,要做到真实和基于情境,注重科学性与人文性,评价方法科学,评价主体多元,可采用教师评价、小组互评以及学生自评等方式。尽管抛锚式教学强调对"锚"的设计与运用,教师可以灵活生成,但是不能脱离课程要求,而是要将问题与课程相融合,预设与生成相融合,灵活机动。

三、反思与展望

在经历了一年的教学后,该教师惊喜地发现,其执教的高二(2)班学生收获颇多。有的学生表示很喜欢该教师有趣自由的上课风格;有的学生觉得自己的思维更加灵活了,经常有新奇的想法出现;有的学生表示自己的学习能力与语言表达能力都有提高,尤其是学习的自主性与能动性有所提升;还有的学生对政治产生了兴趣,关注时政热点,并且在生活中学会了思考。这些都体现出抛锚式学习在具体学科中的运用与发展,但是目前抛锚式学习在中学的运用并不普及,抛锚式教学与学习的模式也并不成熟,如何将抛锚式学习与学科学习有机结合、教师如何正确定位自身角色、学生如何在抛锚式学习中达到有效学习等问题都是值得我们关注与思考的。

第二十八讲　有效学习的铺路石

——支架式学习

顾名思义,"支架式学习"是指基于支架的学习,学习者在学习的过程中得到老师或者父母(辅导者)提供的即时支持,能够有意义地参与问题解决并获得技能。支架式学习的学习者被看作是一座建筑,学习者的学习是不断地构建自身的过程,而外界需要提供所谓的支架,支持其不断地构造自己的新能力。

一、案例呈现与分析

在最近的教学研究中,学校特意邀请高校教授为我校教师讲授课程教学设计等相关理论与实践。其中"支架式学习"引起了我们的兴趣,于是,参照教授的案例思路,结合"支架式学习"的相关理论,我与班级内其他任课老师开展了高二(3)班的"教改实验"。

我们通过引入"WISE 4.0"系统,让"支架式学习"渗入课堂教学中。"WISE"全称为"Web-based Inquiry Science Environment"(基于网络的科学探究环境),是专门利用"与具体情境相关的嵌入式支架"来支持中学科学教学的一种学习环境。在地理课堂上,李老师借鉴了国外地理课程,引入"外星人救援"主题,即创设这样的情境:外星人已经到达地球,想在太阳系找到合适的家园。在这个学习主题中,学生需要了解各个行星的特征,在众多行星中为外星人找到合适的星球,本话题为学生提供的支架主要是模拟专家解决问题的过程,这个过程中,学生的想象力被激发,学生在深入思考中思维得到发展。

在历史课程的学习中,我们也创设了类似情境。王老师在文献中发现国外流行的"决策点"(Decision Point)就是专门给高中历史课创设的情境,比如该情境的主题之一是"在马丁·路德·金被刺杀后,我们应该做什么"。学生在阅读原始文献后,了解相关历史背景,然后再借助支架来完成学习过程。王老师类比国内历史事件,在历史课上创设了"第一次世界大战结束后,中国作为战胜国应该如何做"的学习情境,通过再现历史情境,逐步提供支架,让学生思考并提供具有说服力的演示,最终提出具有操作性的方案。

"支架式学习"的学习方式不仅仅局限在一门或两门学科中,支架可以是不针对具体内容的通用支架,也可以是针对具体学科内容的专用支架,要根据具体情况分析。我校其他科目教师听闻高二(3)班的教改实验后,纷纷前来取经,并希望有效迁移至学科教学中,改传统的"满堂灌"为学生的"支架式学习"。通过一段时间的实践探索,我班学生深入思考的能力提升了,思维能力与判断力也提高了。对于教师而言,学生的"支架式学习"使他们更能全面深入地了解学生的学习状况,并根据学生的表现有效灵活地调整教学方向、难度,实为两全其美。

以上的案例体现出"支架式学习"的广义理论基础,即建构主义思想。建构主义学习理论认为学生的知识学习不是教师灌输就能够实现的,学习者要在一定的真实情境中,借助外界的帮助,利用必要的学习资料,进行系列的意义构建。高二(3)班的学生在进入课堂时,大脑并不是空空如也,而是带着已有的经验,在此基础之上主动建构知识,习得技能。实际上,"支架式学习"与学生的最近发展区息息相关,学生在学习前的实际发展水平(第一发展水平)与教师指导后能解决问题的潜在发展水平(第二发展水平)之间的距离就是著名的"最近发展区",教师在这个过程中需要提供合适的支架与帮助,让学生从第一发展水平跃至第二发展水平。

二、策略与方法

"支架式学习"的支架主要有三种类型：一对一支架，即一名教师与一名学生一对一，教师通过教学的内容、方法、策略、情境来应对不同学习者的需求，达到因材施教，各得所需；同伴支架，是指在同伴之间架设支架，学生之间的能力是有差异的，通过交流讨论、思想碰撞，可以相互促进，达到更高层次的思维，而且同伴支架成本低，收效大；基于计算机的支架，是指能起教学支架作用的各种计算机软硬件工具(或系统)，在中学课堂中，由于精力有限，教师不可能为教室中的每一位学生提供充分的一对一支架，而开发基于计算机的支架则能有效解决这个难题。

"支架式学习"是一种良好的学习方式，渗入日常学科教学中，"支架式教学"主要由五个环节组成：搭建脚手架——进入情境——独立探索——协作学习——效果评价。学生在教师设定的"学习框架"下，即具体的情境中，参与学习活动，独立探索，自主学习，不同学习程度的学生学习任务不同。遇到各种各样的问题时，在教师的引导下，同学之间互相帮助，互相讨论，交换彼此的信息、想法与思维，在协作中有所收获。最后，效果评价必不可少，多元的评价能够让教师更好地掌握学生的学习情况，也能够让学生更深刻地认识自己的知识基础，从而不断提高自身的学习能力。

"支架式学习"中的支架机制是教师应该关注的。第一，要激发学生的兴趣，动机是提高技能的核心与关键，因此要关注支架对学习兴趣与动机的激发与维持作用；第二，要控制学生的挫折感，虽说愈挫愈勇，但过多的失败经历会让学生丧失信心，当学生遇到困难时，教师应该及时给予鼓励与支持，让学生走出挫折，柳暗花明又一村；第三，要提供适时的反馈，要告知学生其在学习过程中的行为表现是否适当、充分，需要做哪些改进与调整；第四，要指明学生需要考虑的重要任务，告诉学生在探究过程中应当注意什么，特别是应当如何抓住问题的关键；第五，可以模仿专家解决问题的过程,向学生展示专家解决类似问题的真实过程。第六,要提出问题,对学生进行启发引导,督促他们做好作业,阐明观点,帮助其完成学习任务。

教师在创设支架时,要注意支架中所包含的知识和学生的现有知识之间的冲突关系,也就是说支架中的知识不应与学生现有知识有重大冲突与矛盾;同时,良好的支架设计应能提高学生学习的积极性。教师在设计教学支架时,要考虑支架的科学性与客观性,要能够根据学生的不同发展水平,将不同类型的支架进行结合,深入思考不同类型支架的作用,预测什么类型的支架足以促进完成特定的学习任务。

三、总结与展望

在支架式学习中,教师是学生的指引者、合作者与学习伙伴。不论是情境的创设,还是在学生学习过程中的指导,甚至最后的评价,教师都发挥着重要作用。因此,作为教师,应该有合适的角色定位,尽己之力,助学生成长发展。如何在学生的最近发展区内搭建支架,如何针对不同学生特点搭建不同的支架,如何根据不同的学科设计不同的支架等问题,值得我们关注与反思。学生的支架式学习不仅仅是教师的"责任",学校应该提供相应的硬件支持与政策保障。同时,家长应该给予理解与配合,而学生自身作为学习的主体,也应该保持自觉性与主动性。唯有如此,学习才能够有效乃至高效。

第二十九讲　学生全面发展的保障

——个性化学习

　　因材施教是我国伟大的教育家、思想家孔子的教育思想之一。因材施教,用今天的教育术语来讲即"个性化学习"。个性化学习指针对学生个性特点、发展潜能,采取恰当的方法、手段、内容、起点、进程、评价方式,促进学生各方面获得充分、自由、和谐的发展。

一、案例呈现与分析

　　上海市市西中学作为上海市实验性示范高中,在学习课程、学习方式、学习时间与空间等方面都体现出"个性化"特点。

　　在课程方面,市西中学针对学校和学生实际,构建课程体系,开发和建设了丰富的学校课程,为学生提供了广泛的选择,促进学生的个性化发展,主要体现在必修课程、选修课程以及综合课程三个方面。在必修课程方面,市西中学实施必修课程校本化,严格控制每周课时总量,保障学生自主学习时空的选择性;坚持基于标准的教学,制定具体的校本实施要求;同时整合教学内容,尤其强化了分层作业制度和对不同学生的个别辅导;学校还制定了免修制度,促进学生的个性化学习。在选修课程方面,市西中学开发、建设与管理了多种选修课程,比如创新实验室等,让学生在课程中充分展现自身的创造性与才智。在综合实践课程方面,市西中学精心策划开展了文化游学活动,大力支持学生创建社团,让学生在多样化的活动中实现自身价值。[①]

在学习方式上,市西中学注重学生学习方式的多样化,自主学习与合作学习的统一、接受学习与探究学习的统一、实践学习与浸润学习的融合,让学生的个性化学习成为可能。市西中学的老师注重引导学生愿学、乐学,促进学生自省,引导学生会学、善学,并且加强学法指导,扩大信息交流;同时学校非常注重学校文化建设中的浸润学习,展现出学校的价值观和理念,体现学校的规范以及期望与约束。[②]

在学习时间和空间方面,市西中学对学习实践的统整做了有效的实践探索,对高中三年的学习时间有具体的整体配置,将高中三年整体划分为规划与适应期、践行与发展期、内化与成熟期,学校有计划有重点地对学生的学习发展进行安排与指导。从细节方面来讲,学校对每个学年甚至每天的学习时间都做了配置,宏观与微观的经纬把握使得学生个性化发展得以实现。不仅仅是学校与教师对学生的学习时间有所配置,学生自己也基于自己的学习和发展目标,分析自身的优势与兴趣,针对不同的学科对学习时间进行自主安排。[③]

市西中学不论是在宏观上还是在细节方面,都体现出了尊重学生个性与自由的特点。美国哈佛大学加德纳教授认为,人的智力是多元的,每个人都不同程度地拥有言语/语言智力、逻辑/数学智力、视觉/空间关系智力、音乐/节奏智力、身体/运动智力、人际交往智力、自我反省智力、自然观察者智力和存在智力这八种智力,而不同智力的组合便表现出不同的行为特征。市西中学坚信学生发展是个性化的,强调学生智力的个体差异,处处体现出以人为本的教育理念,正视人的存

---

① 董君武. 构建个性化学习的系统[D]. 上海:华东师范大学,2016.
② 董君武. 构建个性化学习的系统[D]. 上海:华东师范大学,2016.
③ 董君武. 构建个性化学习的系统[D]. 上海:华东师范大学,2016.

在,珍惜生命以及尊重人的权利,关注学生本身的发展,提倡主动探究、自主建构、合作与个性化,为学生全面协调发展创造了良好的文化氛围与政策保障。

市西中学的经验值得许多学校借鉴,其中个性化学习的理念也值得我们深思。实际上,随着时代的发展,个性化学习已逐渐成为教育界关注的重点。慕课(MOOC)的兴起就是一个很好的例子,其作为一种重要的课程资源,在教育中发挥着越来越重要的作用。

二、策略与方法

市西中学的实践给我们的启示是,个性化可以体现在学生的学习方式上,体现在课程资源与课程计划上,也可以体现在时间与空间的安排上。高中生处于思维发展的成熟期,其自主性发展也较好。大规模在线开放课程慕课作为一种新型的学习资源,适合高中学生的个性化学习。慕课以前所未有的方式将学习者、学习资源有机整合,为学生的个性化学习奠定了技术基础,且其具有注册门槛低、资源开放在线、使用异步以及无约束等特点,非常契合高中学生的课时安排。

慕课是一种新的学习情境,其特有的优势有助于个性化学习。慕课注册门槛低,高中生可以选择合适的网站进行注册;注册时间灵活,学生随时可以进行注册;学习者参与路径极为个性化。时间、方式的多样化与个性化有助于学习结果的多样化与个性化,这也适合不同学科、不同特质的学生的要求。慕课的课程并不是一成不变的,教学内容不是教学设计者预先规定的整套材料和活动次序,并不是标准时间所学习内容的总和,高中生不用循序渐进,而是可以越级选择合适的课程。

教师是个性化学习最为重要的助推力量,可以鼓励学生根据兴趣爱好创建实践共同体,在实践活动中,基于共同的活动主题进行学习,能够提高学生学习的积极性、参与性以及自主性,使他们在思维碰撞与灵魂交融中感受学习的创造性与复杂性。教师作为学生的伙伴与导师,应该善于观察学生的特性,根据不同学生的特点进行教学与辅导,并引导学生发现自我,认知自我。同时,教师可以通过校内外环境的整合,借助现代技术,比如上文提及的慕课,助力学生个性化学习,提高学生学习的针对性与有效性。学校的民主制度与科学机制同样也是学生个性化学习的保障,正如上文所提学校,学生对学习内容、方式以及时空选择的相对自由,更好地推进了学生的个性化学习与发展。

三、总结与展望

在柏拉图的阿卡德米学园,每个学生的学习与发展都是独特的。尽管现在的主流仍然是班级授课制,但是学生的个性发展是每一位教师需要关注的。无论是市西中学学习内容、学习方式以及时空的安排还是慕课课程的设置,都体现出学生的个性化学习是教育发展的必然趋势,每一个教师都应该为了学生的个性发展而努力。但是个性化学习并非表面上的"个性",也并非随意的"个性",教师不能放之任之,学校不能听之任之,家长也不能不闻不问。学校、教师以及家长应该形成教育合力,在教学内容、教学方式、家庭教育等方面共同努力,保障真实且科学的"个性化",为学生的有效学习保驾护航。

第三十讲　发展思维的法宝

——深度学习

建构主义学习观认为,学生的学习不是简单的师生传递,而是学习者在教师的引导和协助之下主动建构。学习是知识的意义建构,是知识的生长,是新旧经验的相互作用。顾名思义,深度学习就是深层次的学习,与传统的浅层学习不同,深度学习强调学习者的理解与知识的意义建构。

一、案例呈现与分析

李老师是 A 中学刚入职一年的新教师。作为一名数学教师,她尽心尽责,认真备课,激情上课,课后还会抽出个人时间为学生查漏补缺,但是班级数学成绩平平,在课堂上,学生反应平淡,似乎李老师一人唱着"独角戏"。一次教研活动,李老师偶遇 B 校高一王老师,王老师有多年的数学教学经验,她带的班级,成绩居年级前列,学生的整体素养良好。王老师对李老师提到了一句话——"让孩子的学习有深度"。

王老师认为,传统的课堂教学,教师包揽了所有的课堂时间,学生完全跟着教师的节奏,并没有养成良好的习惯,没有自己的学习计划,无法根据自己的实际情况安排学习进度,导致了学习低效;同时,由于教师安排了所有的教学内容,在知识点方面,多数学生放弃思考,死记硬背而非深入思考,知识学习停留于表面,实际解决问题的能力与探究协作的技能都难以养成,学习低效,发展缓慢。王老师坚持让学生深度学习,学生不是被动地、浮光掠影地学习,而是潜入其中,体会学习的乐趣。

王老师的深度学习在其数学课堂的教学体现是将课堂分解,以递进性与层次性为原则,将课堂环节分为研学、展学、辅学以及评学四个有机环节。研学即以任务型和分组合作探究的模式进行自主学习,学生在教师的指导下根据学案进行探究;展学是让学生当堂展示研学的成果,教师进行评价并总结;辅学是教师根据学生的学习情况进行针对个人的辅导与帮助;评学是以不同的评价模式检查学生的学习情况。

比如在研学阶段,王老师有自己的想法与操作:她根据教学内容的要求设计课时,让学生在学案的基础之上,进行自主学习、同桌互学以及小组学习,其间老师进行初步点拨,学生在研究学段结束后上交学习报告。王老师非常注重问题情境的构建与创设,她针对高一年级学生的发展特点,选取日常生活中的有趣现象作为教学素材,激发学生的学习热情,同时,她还提供解决问题的依据,适时地提供支架,引发认知冲突,激发学生的探究欲望。王老师一直认为数学教学应该培养学生用所学知识去解决实际问题,在合作探究方面,她探索与设置了合理的路径,即"先观察——再试探——经思索——复猜想——后证明",让学生在实践中、在解决问题的过程中习得知识。

再比如在评学阶段,王老师将对学生的评价过程优化为"形成性评价",不断获取来自学生的反馈信息,并及时调整指导,灵活机动。王老师认为每个学生都具有多元智能,也有自己的学习风格与发展潜力,因此对于学生的评价标准是不同的,她始终遵循"因材施教""因人而评",并且明确了评价标准,公平对待每一位学生。评价主体也是多元的,不仅有教师评价,还有学生自评以及学生互评,从而更加全面。[①]

---

① 王文明.促进深度学习的高中数学课堂教学行为研究[D].苏州:苏州大学,2013.

以上案例中,王老师创设情境,提供条件,引导学生进行深度学习,促进学生思维的发展。深度学习是当代学习科学领域中的热点命题与重要概念,关于深度学习的概念,众说纷纭。其中黎加厚教授的界定得到了较为广泛的认同,他认为,深度学习是指在理解的基础上,学习者能够批判地学习新思想和事实,并将它们融入原有的认知结构中,能够在众多思想间进行联系,并能够将已有的知识迁移到新的情境中,进行决策和解决问题的学习。[1]

二、策略与方法

深度学习不同于传统的浅层次学习,在记忆方式上,强调学生在理解的基础上进行记忆;在知识体系上,强调在新知识和原有知识之间建立联系,掌握复杂概念、深层知识等非结构化知识;在关注的焦点上,深度学习关注解决问题时需要的核心论点与概念;在投入程度上,强调学生的主动性;在反思状态上,强调逐步加深理解,培养学生批判性思维、自我反思的能力;在迁移能力方面,能把所学知识迁移应用到实践中;在思维层次方面,注重发展学生的高阶思维。深度学习注重培养学生的批判理解能力,要求学生对任何事情保持一种批判或怀疑的态度,批判地看待新知识并深入思考,加深对知识与概念的理解;深度学习强调信息的整合,不仅是新旧知识的整合,还有学习方式的整合、结构的整合等;深度学习促进知识建构,这与建构主义相契合;深度学习意味着迁移运用,要求学生学会迁移;深度学习面向实际问题的解决且提倡主动学习与终身学习。

教师是学生深度学习的主推力。作为学校教育的主导者,教师应该转变思路,重新定位自身角色,为学生的深度学习提供支持。比如在课前,为学生提供导学案或者学案单,将学习的线索与框架简要地展示给学生,让学生做到心中有数,明确其学习方向;在课堂上,创设合适的情境,将课堂交还给学生,让学生做自己

---

[1] 高月勤.深度学习视角下学案设计策略研究[D].重庆:西南大学,2016.

的主人,引导学生进行深度思考与探究;同时,根据学生的特点与兴趣爱好,支持学生进行分组,开展合作学习,通过协作与交流,使学生能够更好地理解知识、解决问题;对于学生的表现,教师能够客观评价,提出建议并提供练习的机会,使学生能够依据合适的建议进行有效调整,并进行知识的有效迁移。

三、成效与展望

王老师任教班级的学生非常喜欢上数学课,很多学生都表示自己喜欢动脑筋,喜欢用所学的知识去解决一些问题,"举一反三"的能力也提高了。通过以上的案例可以看出,深度学习能够提高学生的学科素养与整体素质。不仅仅是数学学科,诸如物理、化学等自然学科和历史、思想政治等人文学科都是适用的。如何将深度学习嵌入学生的日常活动中,王老师的案例能够为现有的教学提供有意义的借鉴。以生为本,促进学生的发展始终是教育的应有之义,而深度学习将在促进学生素质发展与全面发展的道路上发挥重要作用。

第三十一讲　低效学习的解药

——反思性学习

作为家长,你会不会既心疼孩子每天开夜车至深夜,又对孩子成绩不佳,进步幅度不大甚至退步感到焦虑呢? 实际上,孩子学习低效甚至无效,学习方式欠科学,会导致学习成为"无用功"。

一、案例呈现与分析

经常有家长向我抱怨,为什么孩子每天做了很多题目,考试还是会错? 为什么每天学习到很晚,成绩还是上不去? 为什么孩子那么辛苦,却收效甚微? 我的回答是:学习方式不对,效率低。

小明在我们班很普通,性格内向,成绩不拔尖也不是很差,是很容易被忽视的"中下游学生",他平安地度过了高——学年。这学期进入高二,作为班主任,我发现他的状态似乎不太正常,上课总打瞌睡,心不在焉;下课时,也总见他趴在课桌上,疲惫不堪的样子。开学不到一个月,就有几门任课老师向我"告状"。我决定深入了解具体情况。

在与小明以及他的家长深入沟通后,我了解到:

① 小明文科科目学习情况良好,但是理科科目学习情况不容乐观,尤其是升

入高二，数理化学习十分吃力。

② 小明及其家人意识到其学习的薄弱点，开始采取行动：购买大量习题集，报名网上辅导班。

③ 小明每天花费大量时间在做题以及网上辅导班学习上，经常 12 点后才能休息。

小明的情况实际上是很多高中学生学习情况的缩影，他们将时间与精力全部用于做题与上辅导班上，但是收效甚微，甚至因为时间安排不当，休息时间得不到保障，导致恶性循环，陷入疲惫与焦虑的怪圈。

二、目标与内容

针对小明的现状，改变学习方法是最为重要和关键的，不妨引导其进行反思性学习。反思性学习是一个循序渐进的学习过程，学生不断反思，以发现学习中存在的问题为基点，进行探究、调整与解决。高中阶段，学生如果一味地进行题海战术，而没有适时地反思与总结，只会导致疲劳与混乱，学生变成做题的机器，却缺乏对自我学习情况的清晰认知，导致学习效率低下，效果不佳。

从认知心理学的角度理解反思性学习，就是学生能够对自身学习活动的过程以及活动过程中所涉及的有关事物、材料、信息、思维、结果等学习特征进行反向思考。而从实践操作角度出发，反思性学习是以学生的动机驱使为前提的，以自身的学习情况为反思对象，借助一定的反思途径，通过一系列反思性学习心智操作活动来调整、优化自我学习认知结构，提高自我学习效能，提升自我学习合理性的一种积极主动有效的学习活动方式。反思性学习就是让学生成为反思性学习的实践者，让学生知道如何学习、如何反思，让学习成为学生运用知识和智慧解决问题的过程，这样能够激发学生的学习兴趣和学习主动性，提高学习效率，增强学习自信心，形成良好的循环。

高中生作为反思性学习实践者，具备以下特点：

1. 主体性

反思性学习的主体一定是学习实践者自身,反思的对象也是学习实践者自身,反思的方式是学习者通过对自己的学习实践进行反思体现的,反思的效果是学生思维水平与学习效果的提高。所有的反思活动是指向学习者本身的,学习者是贯穿于整个反思活动的,因此主体性是其基本特点。

2. 探究性

反思性学习,不是学生被动地读书、做题,而是学生能够主动反思学习活动,主动考察学习实践,主动总结获得与缺失,成为自己学习的主人。探究性是反思性学习者应该具备的良好品质,面对学习过程中的各种复杂现象,学习者应该能够主动探究,寻求解决问题的有效方法与途径。同时,学习者不仅要学习书本知识,还应能够在自己的学习范围内寻求与探究出"自己的"个性化学习知识与学习方法。

3. 发展性

反思性学习是一种学习方式,学习者在反思性学习中,不只是简单地、重复地进行学习活动,更是要发展对学习活动自觉反思的思维、能力与习惯,为终身发展奠定基础,铺平道路。反思性学习不仅关注学生的学习结果,更关注学习者学习的整个过程以及在学习过程中获得的能力与习惯。

三、策略与方法

对于反思性学习实践者的培养,教师可以参考以下方法:

1. 重视学习者反思性学习兴趣的生成与能力的培养

兴趣、意志是学习的关键因素。反思性学习一定程度上是学生自我发现、自我改变、自我完善的过程。作为教师,首先要引导学生主动反思,注重激发学生的内在动力。只有让学生回顾自己的学习过程,学生才能及时有效地发现学习实践中的优势与缺失,才能有效灵活地进行调整改进,进而提高与完善。学生应该明确,自己的反思并非为了反思而反思,也不是为了完成教师的任务,而应该是自发的,是自身具备的一种习惯与素养;其次,教师应该注重分析相关的经验与办法,教师的反思示范往往有出其不意的效果,如何反思、如何评价等相关议题,如果教师通过几次有效示范,使学生明晰反思性学习的关键,这样效果更佳。在学生遇到困难与疑惑时,教师的指点与帮助也能够起到良好的鼓励作用。教师还应注重提升学习者的自我效能感。

2. 明确反思性学习的反思对象

反思性学习是一种学习活动,学习活动要素包括学习主体、学习方式、学习内容、学习过程与结果等。因此,教师应该引导反思性学习实践者明确其反思对象。反思性学习不是反思表层的学习内容,而应该深入到整个学习过程。横向角度来讲,学习者应该关注学习动机、目标、内容、策略、时间、结果等因素。纵向来讲,不仅是课堂的学习内容,还有课前预习、课后总结等。无论从哪个角度分析,学习者对于元认知的监控与调节应是反思的核心对象。监控与调节是学习的关键,教师应该指导学生在学习中对于学习活动各要素进行监控与调节,帮助学生在不同的情境中适时反思,形成长久的反思力。

3. 创设良好的反思情境

平等民主的课堂教学氛围有助于学生进行反思。因此,教师应该创设丰富、和谐的情境,促进学生反思思维的形成,让学生感受到学习的乐趣与成就。同时,提供相应的学习物质环境,如网络、图书等资料,可以使学生利用此类条件有效反思。社会性条件同样不可或缺,团体的社会性活动能够让学生发散思维,在榜样激励中获得更多的情感鼓舞。

四、成效与展望

通过小明的例子,我认识到对于高中生而言,学业的压力经常会使学生身心俱疲,让学生成为学习的"被奴役者"。如果教师通过自己的努力,适时引导学生改变学习策略,调整学习方法,让学生成为反思性学习的实践者,成为学习的"主人",那么,上课时打瞌睡的"小明"会越来越少,更多的是会学习的自信"小明"。

于是,我在班级组建了反思性学习小组,通过示范、讲座等方式让学生认识"反思性学习实践者",力当"反思性学习实践者",并与其他科目老师沟通交流,获得家长支持,形成一股合力,为学生的学习发展铺平道路。

对于"反思性学习实践者"的角色发展,我们还需要逐步探索。我相信理念先进,方法科学,就会行之有效。路漫漫其修远兮,吾将上下而求索。

第三十二讲　学习也需要慧眼

——发现的运用

人从动物世界的自发状态发展到人类的自觉状态，靠的是实践中的发现及创新两大核心能力。而发现是人类对于自我的内在、具体性的自然及其整体的认识或再创造，其本身就是一种创新，又成为创新的基础和前提。包括学生在内的学习者一旦对固有而习以为常的错误视而不见，甚至对习非为是的"知识"不进行有理有据的辩驳或考证，那么得出的论断一定是不科学的，甚至会贻害无穷。因此，发现既需要以大量知识为依托，同时也要靠发现者的好奇和执着，才能得出其所能发现的成果。如著名学者陈忠远的《鲁迅诗编年笺证》[①]对 2005 年版《鲁迅全集》随文纠错就是一个很好的例证。

一、用"发现"去获取知识

从教育心理学的角度看，学生的学习方式可以分为接受和发现两种。接受学习因为不能发挥学生的主动性和创造性而失去了发展空间。因此，美国认知心理学家杰罗姆·布鲁纳倡导发现法（又称探索法、问题教学法），其指导思想是以学

---

① 陈忠远.鲁迅诗编年笺证[M].北京：人民出版社，2011.

生为主体,独立实现认识过程。即教师在引导学生学习概念和原理时,只给他们一些事实(例子)和问题,让学生积极思考、创造性推理、独立探究,主动反思和发现并掌握相应的原理和结论的一种方法。

杰罗姆·布鲁纳

发现,不限于寻求人类尚未知晓的事物,确切地说,它包括用自己的头脑亲自获取知识的一切方法。

——布鲁纳

对广大学生而言,发现并不一定意味着找到人类尚未知晓的事物,更多的是去掌握人类几千年的认识成果和历史经验,并在此基础上有新收获。发现学习就是让学生利用教师所提供的材料,亲自去获取应得出的结论或规律。这种学习方法可以减少学生对教师和教材的依赖。其基本做法是将前人原来的发现过程从教学的角度加以改编,变为学生能负担得了的"适中问题",减少原来发现的迷途与岔路,使学生学会思考、判断和选择,要求学生在教师指导下,能像科学家发现真理那样,通过自己的探索性学习,"发现"事物变化的因果关系及其内在联系,形成概念,获得事物的本原。在这个认知学习过程中,学生能够同时体验到"发现"知识的兴奋感和完成任务的自信心。

二、"发现"对于学习的作用

学习过程中,学生要学会发现知识内容中蕴含的新思想和学习方法的秘密,但这个过程不能光靠单打独斗,还需要教师的帮助。而教师的作用主要是帮助学生找出他们正在思考的问题和其已经知道的事物之间的联系,在教学中设置类比情境,指导学生对比事物,犹如搭桥引渡,可有效地激发学生的思维活动,诱发其创造性的表现,起到"抛砖引玉"的效果,使学生的整个学习过程成为"猜想、惊讶、困惑、感到棘手、紧张地沉思、期待、寻找理由和证明"的过程。这样,便从外部动机作用转变为内部动机作用,使学生形成独立学习的倾向,使学习过程不再是一种负担,而成为一种应有的精神解放,从而激发学生学习的积极性。

一般来说,靠自己发现东西的体验和记忆是深刻的,对学生迁移能力的培养比其他教学法强。一个人碰到完全没有遇到过的新问题时,从最初的困惑到问题的解决往往需要漫长而曲折的思维过程。主要困惑是学生没有将新旧问题建立联系,或者虽然注意到了却不知如何去联系。教师教学中要善于启迪学生进行联想,依随教材的条件,顺其心,合其理,犹如穿针引线,很自然地联系有关内容,当学生有了模糊的线索,跃跃欲试之际,因势利导,必然水到渠成。波利亚认为,主体在学习知识、技能时,在头脑中贮存了大量的经验,即"相似块",人的思维活动能使这些已存的"相似块"在外界信息进入大脑和"触发"条件的作用下,自动接通和激活,被激活的部分在认识结构中不断扩散、延伸,以寻找并建立符合期望的联想链条,在此后学习中再碰到类似情境时,思维过程将大大缩短,从而更敏捷有效地做出反应。

布鲁纳认为,科学家发现规律的途径及所用的研究方法适用于一切人,只是适用程度不同而已。对广大学生来说,归纳是根据一个对象的某些特殊情况所具有的共同属性,推出这个对象的其他情况恒具有这个属性,从而得出一般结论的一种思维方法。即从对个别的有限的事物的认识推广到对一般的无限的事物的认识。这种发现方法在英语学习中广泛使用且效率高，而且一切带有规律性的语言现象都可以用。例如，英语学习中自觉将语法规则、语境分析等英语问题的提出和发现过程进行合理、科学的处理后展现给学生，使其亲身经历和体验发现的过程，而不是机械重复以往的发现过程。这要选择符合认识规律、适应学生认知结构和思维能力的发现过程，故"发现学习"实质上是"模拟发现"。"发现学习"过程中，起作用的独立思维、直觉思维和洞察力，有效假设的提出，比较和类推思维，构成了养成创造性态度的适宜条件。这种创造性态度是产生发明和创造、提高学生素质的重要条件之一。

三、学习中的"发现"是如何发生的

学习中的发现可以从两个维度着手：一是从教材中捕捉适合于发现学习的内容，二是从课堂教学策略角度构建适合于发现学习的模式。

（一）在教材中捕捉适合于发现的内容

发现内容是实现发现目标的载体，是实施发现学习的必要条件。同时，发现内容是选择学习材料、安排学习环境和教学条件的依据，它为发现学习的设计指明了方向。因此，教师完全有必要分析哪些内容适合于发现活动。需要说明的是，这里的发现内容并非指学科知识体系，而是指从学科知识体系内选择的符合目标要求、适合某一认知水平的学生进行发现学习的对象。

1. 选择对学生构成问题的学习内容，即能够使学生产生疑问、引发思考的内容

不能使学生发生认知冲突的内容，不可能引发学生的发现活动，也就无法开展发现学习。结构不良的现实问题（指那些目标明确但解决问题所需要的信息缺乏或存在几种可能方案的问题）与课本中多数结构良好的问题（指那些目标明确、解决问题所需要的信息已得到直接或间接呈现，并且只有一个正确答案的问题）有五个方面的区别：第一，在最初的情境中缺乏解决问题所需要的所有信息，学生甚至对问题的实质也很难做出确切的界定，需要补充的额外信息对于问题的界定

和解决起关键性作用;第二,单一的方法不能澄清问题的构成成分,需要探讨多个问题解决途径;第三,随着新信息的搜集,对问题的界定会发生变化,有时需要提炼乃至转换视角重新界定;第四,学生不能完全确定他们在几个可能的问题解决方案中选择了正确的方案,因为所搜集的材料还不够,甚至有些信息之间有冲突;第五,这些问题几乎都需要跨学科的知识才能解决。

2. 选择具备发现可能性的学习内容

许多知识本身对学生可能构成问题,但是学生无法通过发现来掌握。例如,名词后加"s"表示复数概念,为什么动词后加"s"表示第三人称单数概念?学生很难通过发现来理解这两种情况,因为它们本身是约定俗成的,需要教师直接告诉学生。但是,让学生比较名词词尾发音特点从而发现哪类名词后加"s"、哪类加"es",这类活动就属于发现学习。

3. 选择具有发现必要性的学习内容

有些学习内容对学生构成问题,也具备研究的可能性,但是没有发现的必要。

4. 选择具备发现的现实性的学习内容,即现有的物质、人员和精力等方面的准备条件较为充分的学习内容

例如,学生学习 *Modern Agriculture*(Book 1A)一文时,文章提到了转基因西红柿,让学生去发现"转基因食品的开发"就不具备现实条件。这个问题就涉及到发现内容的复杂程度,既适度的问题。另外,发现内容也不宜过于简单,比如"什么是转基因食品"之类的问题,学生很容易得出结论,从而失去发现的兴趣。一般不宜选择规模较大、涉及因素较多、周期长的复杂内容,而应选择切入口小、周期短、便于学生获取材料的内容。因此,发现内容的选择应立足于教材,立足于现实生活,从现实生活中选取与学习内容有关的问题,让学生利用书本知识解决身边的实际问题。

(二) 从课堂教学策略角度构建适合于发现学习的模式

生活中发现的途径很多,所谓条条大路通罗马。学习中的发现可能是学生无意

中进行的,也可能是有目的的发现。因此,学生学习中可以尝试以下几种发现模式:

1. 类比(或比较)发现法

类比,是从特殊到特殊的思维方法,即从对个别事物的认识推广到对类似事物的认识。例如,在英语教学中,当学生学习了"现在进行时"的构成和用法后,教师可以引导学生通过类比发现"过去进行时"的构成及用法。实践表明,类比是一种最具启发性、最能诱发学生创造性的思维方式。这样的过程可以使新知识在已有的知识结构中得以同化和顺应,使学生在类比中学会类比,并逐步地自觉运用类比。

2. 联想发现法

联想,是心理条件的反射,即在解决某一问题时,往往联系到条件近似的另一个问题。在英语教学中,学生阅读时总抱怨生词多,教师可以引导学生通过联想发现法,利用构词法来消除生词障碍。

3. 矛盾发现法

物质世界的矛盾现象是普遍存在的,正是矛盾的不断产生才推动科学的不断发展。英语教学亦然,新知识往往是在解决原有认知结构与新问题的矛盾冲突中产生的。在英语教学中,学生总会发现许多不符合语法规则的语言现象,对学生来说就有了矛盾,教师可以由此引导学生再发现。

4. 归纳发现法

这种发现方法在英语中广泛使用且效率高,一切带有规律性的语言现象都可以用。

当然,教学中常用的"发现学习"方法不仅仅是上述几种,还有直觉发现法、猜想发现法、实验发现法、讨论发现法等。就上述几种发现方法而言,又各有所长,因而"发现学习"过程中常常要综合几种发现方法,使其能够相得益彰,发挥最佳效能。

只要你有一颗好奇的心,再加上一双智慧的眼睛,自觉把教材内容同真实世界的生活联系起来,就容易捕捉到发现的内容。同时善于灵活运用多种发现方式,就能取得良好的学习成效。

参考文献

［1］ Chen，C. Stevenson，H. W. Homework：A Cross-cultural Examination ［J］. Child Development，1989(60).

［2］ Gill，B. Steven，S. A sin against childhood：Progressive education and the crusade to abolish homework，1897 - 1941 ［J］. American Journal of Education，1996(105).

［3］ Kahn，R. & Byosiere，P. Stress in Organizations. In D. K. Marvin & Leaetta M. H. (Ed.). Handbook of Industrial and Organizational Psychology. Consulting Psychologist s Press，California. 1992.

［4］ Rokeach. M. (1968). Beliefs，attitudes and values. San Francisco：Jossey-Bass Inc.

［5］ ［奥］阿尔弗雷德·阿德勒. 儿童教育心理学[M]. 刘丽，译. 北京：台海出版公司,2015.

［6］ ［奥］阿尔弗雷德·阿德勒. 自卑与超越[M]. 杨颖，译. 杭州：浙江文艺出版社,2016.

［7］ ［法］保尔·朗格朗. 终身教育引论[M]. 周南照，陈树清，译. 北京：中国对外翻译出版公司,1995.

［8］ ［美］艾德勒·莫提默. 大观念：如何思考西方思想的基本主题[M]. 安佳，李业慧，译. 广州：花城出版社,2008.

［9］ ［美］丹尼尔·西格尔,玛丽·哈策尔. 由内而外的教养[M]. 李昂，译. 北京：北京联合出版公司,2013.

［10］［美］丹尼尔·西格尔.第七感［M］.黄珏苹,王友富,译.杭州:浙江人民出版社,2013.

［11］［美］古德·布罗菲.透视课堂［M］.陶志琼,译.北京:中国轻工业出版社,2011.

［12］［美］简·尼尔森,琳·洛特,斯蒂芬·格伦.教室里的正面管教［M］.梁帅,译.北京:北京联合出版公司,2014.

［13］［美］简·尼尔森,琳·洛特.十几岁孩子的正面管教［M］.尹莉莉,译.北京:北京联合出版公司,2014.

［14］［美］简·尼尔森.正面管教［M］.玉冰,译.北京:北京联合出版公司,2009.

［15］［美］卡拉·麦克拉伦.情绪的语言［M］.林琳,译.北京:龙门书局,2012.

［16］［美］凯利·麦格尼格尔.自控力［M］.王岑卉,译.北京:文化发展出版社,2012.

［17］［美］泰勒.课程与教学的基本原理［M］.罗康,译.北京:人民教育出版社.1994.

［18］［美］约翰·杜威.我们怎样思维·经验与教育［M］.姜文闵,译.北京:人民教育出版社,2005.

［19］［苏联］苏霍姆林斯基.给教师的建议［M］.杜殿坤,编译.北京:教育科学出版社,1984.

［20］陈德志,杨均英.互动式课堂的特征［J］.当代教育科学,2003(19).

［21］陈金定.心理咨询技术(上)［M］.广州:广东世界图书出版公司,2003.

［22］陈美钗,王云生.《金属的化学性质》课堂实录与点评［J］.福建教育:中学版,2012(7).

［23］陈琦,刘儒德.当代教育心理学［M］.北京:北京师范大学出版社.2007.

［24］陈卫平.角色认知的概念与功能初探［J］.社会科学研究,1994(1).

［25］陈忠远.鲁迅诗编年笺证［M］.北京:人民出版社,2011.

［26］董君武.构建个性化学习的系统［D］.上海:华东师范大学,2016.

［27］冯平.价值之思［M］.广州:中山大学出版社,2003.

［28］高月勤.深度学习视角下学案设计策略研究［D］.重庆:西南大学,2016.

［29］耿慧慧.高中"复盘式"写作思维指导十八讲［M］.上海:复旦大学出版社,2016.

［30］龚孝华.重新理解发展性教育评价:基于生存论视阈［J］.课程·教材·教法,2009(3).

［31］教育部.《国家中长期教育改革与发展规划纲要(2010—2020 年)》［EB/OL］［2010 - 07 - 29］.http://www. gov. cn/jrzg/2010-07/29/content_1667143. htm.

［32］赖配根.新经典课堂［M］.北京:教育科学出版社,2009.

［33］雷云.教育认识论的危机——论雅斯贝尔斯的"生存论哲学"［J］.四川师范大学学报（社会科学版），2011（5）.

［34］李汉松.心理学的故事［M］.北京：中国法制出版社，2016.

［35］李湘玉.论教师的角色意识及其调适［J］.天中学刊，1996（增刊）.

［36］李学书.作业的内涵、特点和功能初探——基于新课程理念的思考［J］.教育学术月刊.2010（6）.

［37］李中莹.简快身心积极疗法［M］.北京：世界图书出版公司，2012.

［38］李中莹.亲子沟通全面技巧［M］.北京：中国华侨出版社，2013.

［39］林崇德.发展心理学［M］.北京：人民教育出版社，2009.

［40］刘儒德.学习心理学［M］.北京：高等教育出版社，2010.

［41］马丁·布伯.我与你［M］.陈维钢，译.北京：生活·读书·新知三联书店，2000.

［42］米德.心灵自我与社会［M］.台北：桂冠图书股份有限公司，1995.

［43］缪爱琴.高中政治课抛锚式教学模式的运用研究［D］.苏州：苏州大学，2013.

［44］皮连生.教育心理学［M］.上海：上海教育出版社，2011.

［45］人力资源和社会保障部教材办公室，中国就业培训技术指导中心上海分中心，上海市职业技能鉴定中心.心理咨询师（二级）［M］.北京：中国劳动社会保障出版社，2014.

［46］上官子木.创造力危机——中国教育现状反思［M］.上海：华东师范大学出版社，2004.

［47］上海市中小学（幼儿园）课程改革委员会.高级中学课本语文［M］.上海：华东师范大学出版社，2007.

［48］沈建军.微型写作课程时间研究［M］.上海：上海教育出版社，2014.

［49］石中英.教育哲学导论［M］.北京：北京师范大学出版社，2002.

［50］王建军.课程变革与教师专业发展［M］.成都：四川教育出版社，2004.

［51］王鉴.合作学习的形式、实质与问题反思——关于合作学习的课堂志研究［J］.课程·教材·教法，2004（8）.

［52］王坦.合作学习论［M］.北京：教育科学出版社，1994.

［53］王文明.促进深度学习的高中数学课堂教学行为研究［D］.苏州：苏州大学，2013.

［54］王云生.课堂转型与学科核心素养培养［M］.上海：上海教育出版社，2016.

［55］吴维宁.过程性评价的理念与方法[J].当代教育科学,2005(16).

［56］徐贲.明亮的对话——公共说理十八讲[M].北京:中信出版社,2014.

［57］徐维群.教师角色失衡和原因及其协调[J].龙岩师专学报(社会科学版),1994(6).

［58］杨骞.试论学生主体意识的培养[J].教育科学,1999(2).

［59］叶澜.教育创新呼唤"具体个人"意识[J].中国社会科学,2003(1).

［60］詹丹.语文教学与文本解读[M].上海:上海教育出版社,2015.

［61］詹世友.角色意识与角色伦理[J].南昌大学学报(社会科学版),1997(3).

［62］张东娇,马健生.幼儿教师的职业性格及其培养[J].学前教育研究,1995(4).

［63］张华.课程与教学论[M].上海:上海教育出版社,2000.

［64］张志园.中学生学习疲劳的问卷编制与干预研究[D].临汾:山西师范大学,2013.

［65］郑美红.建构主义学习观的教学实践——探讨科学教学法[M].香港:香港教育学院出版社,2002.

［66］钟志农,刘鹏志,周波.高中生心理辅导案例解析[M].上海:华东师范大学出版社,2007.

［67］朱晓斌.写作教学心理学[M].杭州:浙江大学出版社,2007.

后记

　　上世纪末,以创新精神和实践能力培养为主要目标的素质教育改革全面启动;新世纪伊始,以"三维目标"取代"双基"为特征的基础教育课程改革势不可当地在全国展开;新课程改革启动十多年后的 2014 年,教育部颁布《关于全面深化改革　落实立德树人根本任务的意见》,提出新时期教育改革面临新任务和新挑战。为此,教育部组织有关专家开始核心素养的研究,2016 年 9 月,课题组公布中国学生发展核心素养的内涵和内容,课程改革进入了核心素养时代。学会学习作为核心素养的综合表现之一,强调能有效管理自己的学习,认识和发现学习的价值,发掘自身潜力;主要表现在学生学习意识形成、学习方式方法选择、学习进程评估调控等方面;具体包括乐学善学、勤于反思、信息意识等基本要点。基于此,丛书总主编高屋建瓴,抓住学习方式和方法改革这一培养学生发展核心素养的基础和前提条件,组织编写组编写本丛书。

　　《在反思中成长》是以核心素养提出和培养为背景,以其内容之一的"学会学习"为主题,以高中教师、高中学生及其家长为主要读者对象,以核心素养与学会学习为主线,关注相关规定内容,着手组织材料和撰写的。在体例上将核心素养、学科核心素养与具体学科有机结合,将相关理论融入高中不同学科案例之中。这些案例有的是具体案例,也有的是泛在学科内容,典型且多样化,和选择的主题一致。

从立意上看,本书不局限于知识的传输,而是着眼于学生的终身发展,以有利于学生人格健全和全面发展为宗旨,把知识积累和能力成长、为人处世、社会参与和人生幸福结合起来;跨越学科界限,打开学生、家长、教师、管理者多类读者的心结,尽量就一个方面的问题多角度展开,以内容更加丰满为撰写目标;对中国高中生学习中存在的现实问题和困惑进行启蒙式的讨论,以启发家长、学生、教育工作者反思,解决他们在现实中遇到的困惑,引导家长、学生共同成长、进步等为直接目的。主要解决问题包括学习会遇到哪些困境,不同的个性特征、认知特点是否会影响到不同学科的学习效果等。

在写作中笔者尽量体现对话精神,使内容更接地气,和学科适切和融合,心里装着读者,让读者阅读时能够感到是在和作者对话,并设置问答环节,采用对话体,用生活中的真实事例进行阐发,让读者的感受更加真实深刻。因此,本书分为三部分:第一部分主要解决如何优化学习过程,提高学习效率的问题;第二部分主要解决高中生学习过程中出现的心理问题以及如何调适等问题,使他们能够健康阳光地成长;第三部分主要解决高中生如何掌握学习方法,提升思维品质,成为会学习的终身学习者的问题。

本书引用了国内外专家、学者和同行的专著、论文和优秀课例,在此向他们表示感谢。同时要感谢撰写小组的陆佳、刘指引、徐平和崔一鸣等为本书作出的贡献。希望本书的出版能给高中生读者提供一些帮助,指导他们根据不同情境和自身实际选择或调整学习策略和方法等,从而成为乐学善学、勤于思考和具有信息意识的终身学习者;能够为高中教师推动教学改革提供一些启迪,在教学和研究中丰富他们的理论认识和实践经验;通过为家长群体提供丰富案例和高中生学习调适方法,使他们更加了解学习机制和心理情绪管控方法,从而更好地营造学习环境,提高孩子们的学习成效。

鉴于时间、精力和能力有限,书中必然存在许多纰缪和不足,敬请大家批评指正。

李学书　钱炜临